LÍNGUA PORTUGUESA

LUZIA FONSECA MARINHO
Licenciada em Letras pela Faculdade de Filosofia, Ciências e Letras de Moema
e Pós-graduada em Formação de leitores
Assessora pedagógica em Língua Portuguesa em escolas particulares
Professora de Língua Portuguesa no Ensino Fundamental

MARIA DA GRAÇA BRANCO
Mestra em Educação pela Faculdade de Educação da Universidade Estadual de Campinas (Unicamp)
Supervisora escolar na rede pública municipal de São Paulo

5º ano
Ensino Fundamental • Anos Iniciais

São Paulo – 1ª edição – 2018

Direção geral: Guilherme Luz
Direção editorial: Luiz Tonolli e Renata Mascarenhas
Gestão de projeto editorial: Tatiany Renó
Gestão e coordenação de área: Alice Silvestre e Camila De Pieri Fernandes
Edição: Ana Paula Enes, Carolina von Zuben, Marina S. Lupinetti, Rosângela Rago, Sheila Tonon Labre e Vivian Marques Viccino (editoras), Débora Teodoro, Marina Caldeira Antunes e Patrícia Rocco S. Renda (assist.)
Assessoria pedagógica: Roberta Hernandes
Gerência de produção editorial: Ricardo de Gan Braga
Planejamento e controle de produção: Paula Godo, Roseli Said e Marcos Toledo
Colaboração para desenvolvimento da seção *Conectando Saberes*: Mauro César Brosso e Suzana Obara
Revisão: Hélia de Jesus Gonsaga (ger.), Kátia Scaff Marques (coord.), Rosângela Muricy (coord.), Ana Curci, Ana Paula C. Malfa, Arali Gomes, Celina I. Fugyama, Claudia Virgilio, Hires Heglan, Lilian M. Kumai, Luciana B. Azevedo, Marília Lima, Raquel A. Taveira; Amanda Teixeira Silva e Bárbara de M. Genereze (estagiárias)
Arte: Daniela Amaral (ger.), Catherine Saori Ishihara (coord.), Ana Miadaira, Letícia Lavôr e Tomiko C. Suguita (edição de arte)
Diagramação: Estúdio Anexo, Luiza Massucato e Nicola Loi
Iconografia: Sílvio Kligin (ger.), Claudia Bertolazzi (coord.), Evelyn Torecilla e Fernando Cambetas (pesquisa iconográfica)
Licenciamento de conteúdos de terceiros: Thiago Fontana (coord.), Liliane Rodrigues (licenciamento de textos), Erika Ramirez, Luciana Pedrosa Bierbauer e Claudia Rodrigues (analistas adm.)
Tratamento de imagem: Cesar Wolf e Fernanda Crevin
Ilustrações: Adolar, Clarissa França, Claudia Marianno, Cris Eich, Edde Wagner, Edson Ikê, Fabiana Salomão, Felipe Prado, Fernanda Montoni, Fernando Pires, Filipe Rocha, Gustavo Grazziano, Hagaquezart Estúdio, Ilustra Cartoon, Paulo Borges, Vanessa Alexandre e Vicente Mendonça
Cartografia: Eric Fuzii (coord.)
Design: Gláucia Correa Koller (ger.), Erika Tiemi Yamauchi Asato (proj. gráfico e capa) e Talita Guedes da Silva (capa)
Ilustração de capa: Ideário Lab
Foto de capa: Asia Images Group/Shutterstock

Todos os direitos reservados por Saraiva Educação S.A.
Avenida das Nações Unidas, 7221, 1º andar, Setor A –
Espaço 2 – Pinheiros – SP – CEP 05425-902
SAC 0800 011 7875
www.editorasaraiva.com.br

Dados Internacionais de Catalogação na Publicação (CIP)
(Câmara Brasileira do Livro, SP, Brasil)

```
Marinho, Luzia Fonseca
    Ligamundo : língua portuguesa 5º ano / Luzia
Fonseca Marinho, Maria da Graça Branco. -- 1. ed. --
São Paulo : Saraiva, 2018.

    Suplementado pelo manual do professor.
    Bibliografia.
    ISBN 978-85-472-3459-1 (aluno)
    ISBN 978-85-472-3460-7 (professor)

    1. Português (Ensino fundamental) I. Branco,
Maria da Graça. II. Título.

18-16318                           CDD-372.6
```

Índices para catálogo sistemático:
1. Português : Ensino fundamental 372.6

Maria Alice Ferreira - Bibliotecária - CRB-8/7964

2018
Código da obra CL 800655
CAE 628137 (AL) / 628138 (PR)
1ª edição
1ª impressão

Impressão e acabamento

Uma publicação

Apresentação

Caro aluno,

Desde bem pequenos, no convívio com as pessoas que nos cercam, passamos a entender e a falar a língua portuguesa. Mas isso é só o começo de tudo o que podemos aprender sobre nossa língua e nossa cultura.

Então, preparamos este livro cuidadosamente, para que seu aprendizado seja cheio de descobertas! Com ele, você vai fazer leituras interessantes, explorar sua imaginação e criatividade na produção de textos diversos, além de expressar suas ideias e opiniões sobre vários assuntos.

Palavras e imagens estão por todos os lados. Ler essas palavras e imagens é também ler o mundo. Então, boa leitura!

As autoras

Conheça seu livro

Abertura da Unidade

Aqui você vai ler imagens, refletir e conversar com os colegas e o professor sobre o trabalho na Unidade.

Conhecendo o texto

Nesta seção você vai ler um texto e explorar seus sentidos e sua construção.

Conhecendo outros textos

Este será o momento da leitura de um novo texto e de refletir sobre semelhanças e diferenças entre textos.

Trabalho em equipe

Você e os colegas vão desenvolver trabalhos coletivos.

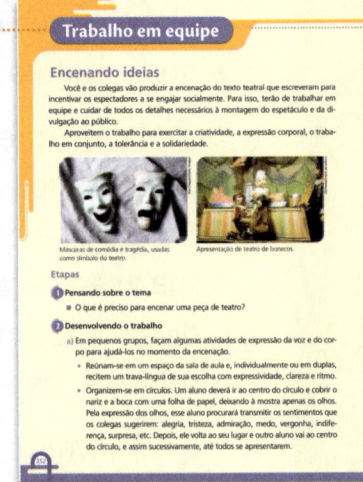

Refletindo sobre a língua

Neste momento você vai refletir sobre a língua em uso no texto em estudo.

Descobertas sobre a escrita

Nesta seção você vai aprender mais sobre a escrita.

Diversão em palavras

Aqui você vai aprender por meio de atividades, jogos e desafios.

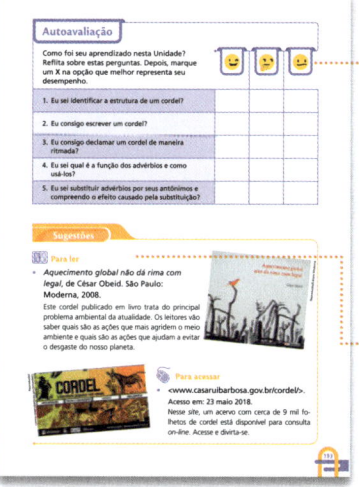

• **Autoavaliação**

Nesta seção você poderá refletir sobre o que aprendeu na Unidade e sobre seu desempenho.

• **Sugestões**

Aqui você encontra sugestões para ampliar seus conhecimentos.

• **Praticando a fala e a escuta**

Nesta seção, você vai poder praticar a fala em diferentes situações e também exercitar a escuta atenta.

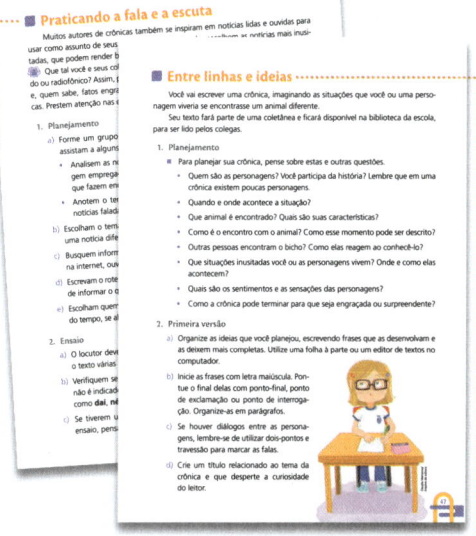

Entre linhas e ideias •

Ao produzir um texto escrito, você terá a oportunidade de pôr em prática o que aprendeu.

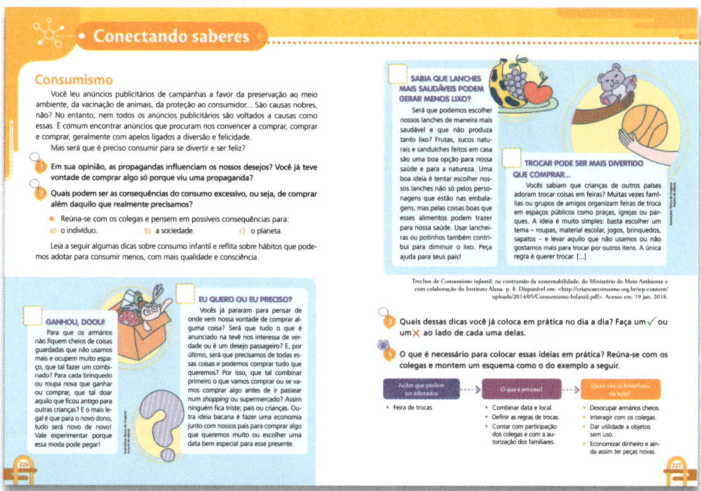

•···· **Conectando saberes**

Este é o momento de refletir sobre cidadania e observar a relação entre diversos conhecimentos.

Convite literário •

Neste momento você é convidado a apreciar outros textos literários, conhecer seus sentidos e ampliar seu conhecimento.

Ícones que indicam como realizar as atividades:

 Oral   Em dupla   Em grupo

Nota: as sugestões de vídeos e *sites* feitas no livro têm o objetivo de ampliar seu aprendizado, e não de fazer propaganda de nenhum produto.

5

Sumário

UNIDADE 1

Canções e brincadeiras 10

Letra de canção 12

- **Conhecendo o texto** 13
  "Os super-heróis", de Toquinho e Mutinho

- **Conhecendo outros textos** 17
  "Cantiga de Penas", de Salomão Habib

- **Descobertas sobre a escrita** 18
  Uso do **M** e **N** em final de sílaba

- **Refletindo sobre a língua** 20
  Tempos verbais

- **Vamos falar sobre...**
  Trabalho infantil 23

- **Diversão em palavras** 24
  Jogo Trilha dos verbos

- **Entre linhas e ideias** 26
  Paródia

- **Praticando a fala e a escuta** 29
  Apresentação de paródia

- **Autoavaliação** 31

- **Sugestões** 31

Conectando saberes

- Cantigas de ninar 32

UNIDADE 2

Cenas do cotidiano .. 34

Crônica 36

- **Conhecendo o texto** 37
  "A bolsa ou o elefante",
  de Stanislaw Ponte Preta

- **Refletindo sobre a língua** 43
  Substantivos – variação em gênero

- **Diversão em palavras** 44
  Desafio sobre substantivos

- **Descobertas sobre a escrita** 45
  Grafia de verbos no pretérito

- **Vamos falar sobre...**
  Animais em extinção 45

- **Refletindo sobre a língua** 46
  Tempos verbais (presente, pretérito e futuro)

- **Entre linhas e ideias** 47
  Crônica

- **Praticando a fala e a escuta** 49
  Jornal falado ou radiofônico

- **Autoavaliação** 51

- **Sugestões** 51

UNIDADE 3

Ler para escolher 52

Resenha 54

- **Conhecendo o texto** 55
  "Resenha: *Extraordinário*, de R. J. Palacio",
  Guilherme Cepeda

- **Refletindo sobre a língua** 61
  Prefixos

- **Conhecendo outros textos** 62
  "Viva – a vida é uma festa", de Marina Val

- **Vamos falar sobre...**
  Formar uma opinião 65

- **Refletindo sobre a língua** 66
  Verbos no infinitivo / Locução verbal

- **Diversão em palavras** 70
  Verbos no infinitivo / Locução verbal

- **Entre linhas e ideias** 72
  Resenha literária

- **Praticando a fala e a escuta** 74
  Apresentação de resenha literária

- **Autoavaliação** 75

- **Sugestão** 75

UNIDADE 4
Em pé de igualdade! ... 76

Declaração ... 78
- **Conhecendo o texto** ... 79
  "Declaração Universal dos Direitos Humanos", de Ruth Rocha e Otávio Roth
- **Refletindo sobre a língua** ... 83
  Artigos definidos e indefinidos
- **Vamos falar sobre...**
  Moradia ... 85
- **Refletindo sobre a língua** ... 86
  Palavras primitiva e derivada
- **Entre linhas e ideias** ... 89
  Adaptação de estatuto
- **Descobertas sobre a escrita** ... 92
  Uso do **S** e **SS**
- **Diversão em palavras** ... 93
  Uso do **S**, **SS**, **C**, **Ç** e **X**
- **Praticando a fala e a escuta** ... 95
  Diálogo argumentativo
- **Autoavaliação** ... 97
- **Sugestões** ... 97

Conectando saberes
- **Temos direitos iguais?** ... 98

UNIDADE 5
Somos todos diferentes! ... 100

Reportagem ... 102
- **Conhecendo o texto** ... 103
  "Do quilombo ao quilombola", de Flávio Gomes e Regina Célia de Oliveira
- **Refletindo sobre a língua** ... 111
  Sinais de pontuação
- **Conhecendo outros textos** ... 113
  "Como surgiram os diferentes sotaques do Brasil?", de Renata Costa
  "Por que o sotaque muda conforme a região?", Revista *Mundo Estranho*
- **Refletindo sobre a língua** ... 118
  Expressões regionais
- **Entre linhas e ideias** ... 119
  Reportagem
- **Descobertas sobre a escrita** ... 122
  Uso de **SC**, **SÇ** e **XC**
- **Refletindo sobre a língua** ... 124
  Grafia de palavras e textos em placas
- **Diversão em palavras** ... 127
  Uso de **Ç**, **CH** e **X**
- **Conhecendo outros textos** ... 128
  "O que é *bullying*?", disponível em *site*
- **Diversão em palavras** ... 132
  Uso de **S**, **SS**, **C** e **Ç**
- **Refletindo sobre a língua** ... 133
  Preposições
- **Vamos falar sobre...**
  Redes sociais ... 135
- **Praticando a fala e a escuta** ... 136
  Roda de discussão
- **Diversão em palavras** ... 137
  Jogo Acerte na escrita
- **Autoavaliação** ... 139
- **Sugestão** ... 139

Trabalho em equipe ... 140
Diga NÃO ao preconceito!

Sumário

UNIDADE 6
Mar de emoções 142

Conto literário 144
- **Conhecendo o texto** 145
  "Aquela água toda", João Anzanello Carrascoza
- **Refletindo sobre a língua** 154
  Locução adjetiva
- **Descobertas sobre a escrita** 156
  Pronomes pessoais
- **Diversão em palavras** 157
  Jogo *Stop!* – locuções adjetivas
- **Refletindo sobre a língua** 158
  Pontuação expressiva
- **Praticando a fala e a escuta** 159
  Sugestão de leitura
- **Conhecendo outros textos** 161
  "A disciplina do amor", Lygia Fagundes Telles
- **Vamos falar sobre...**
  Amizade 165
- **Entre linhas e ideias** 165
  Conto
- **Refletindo sobre a língua** 167
  Interjeição
- **Entre linhas e ideias** 171
  Reconto
- **Autoavaliação** 173
- **Sugestões** 173

UNIDADE 7
Literatura no varal 174

Cordel 176
- **Conhecendo o texto** 177
  "O pote de água rachado", de César Obeid
- **Refletindo sobre a língua** 182
  Advérbio
- **Diversão em palavras** 184
  Advérbio
- **Vamos falar sobre...**
  Autoestima 185
- **Entre linhas e ideias** 186
  Cordel
- **Praticando a fala e a escuta** 188
  Apresentação de cordel
- **Refletindo sobre a língua** 190
  Advérbio
- **Diversão em palavras** 192
  Advérbio
- **Autoavaliação** 193
- **Sugestões** 193

Conectando saberes
- **Preconceito regional** 194

• **UNIDADE 8**

• **A arte de convencer** **196**

Anúncio publicitário 198
- **Conhecendo o texto** 199
  Anúncio publicitário "A natureza não é reciclável"
- **Conhecendo outros textos** 202
  Anúncio publicitário "Vamos tirar o planeta do sufoco"
- **Refletindo sobre a língua** 206
  Formação de palavras – prefixação
- **Conhecendo outros textos** 208
  Anúncio publicitário "Dia Mundial da Água"
- **Refletindo sobre a língua** 211
  Verbos no imperativo
- **Diversão em palavras** 213
  Tempos verbais
- **Praticando a fala e a escuta** 214
  Anúncio publicitário
- **Refletindo sobre a língua** 217
  Sufixos **-oso** e **-osa**
- **Vamos falar sobre...**
  Propaganda infantil 219
- **Conhecendo outros textos** 220
  Anúncio publicitário AACD
- **Entre linhas e ideias** 223
  Anúncio publicitário
- **Autoavaliação** 225
- **Sugestões** 225

Conectando saberes
- **Consumismo** 226

• **UNIDADE 9**

• **Estação teatro** **228**

Texto teatral 230
- **Conhecendo o texto** 231
  "O Reino Adormecido", de Leo Cunha
- **Refletindo sobre a língua** 239
  Acentuação de oxítonas, paroxítonas e proparoxítonas
- **Diversão em palavras** 242
  Jogo Concentre-se na acentuação
- **Vamos falar sobre...**
  Participação social 243
- **Entre linhas e ideias** 244
  Texto teatral
- **Descobertas sobre a escrita** 246
  Uso de **R** e **RR**
- **Praticando a fala e a escuta** 247
  Apresentação de cena teatral
- **Descobertas sobre a escrita** 249
  Uso de **J**, **G/GUE**, **JE**, **GUI** e **QUI**
- **Autoavaliação** 251
- **Sugestões** 251

  Trabalho em equipe 252
  Encenando ideias

• **Convite literário** 254

Bibliografia 272

UNIDADE

1 Canções e brincadeiras

Nesta Unidade, você vai:

- Ler e compreender letras de canção.
- Refletir sobre algumas diferenças entre o texto falado e o texto escrito.
- Escrever palavras com **M** e **N** em final de sílaba.
- Usar verbos no pretérito (passado), no presente e no futuro.
- Escrever e apresentar uma paródia musical.

Observe a imagem ao lado. Em seguida, converse com os colegas e o professor sobre estas questões.

1. O que a imagem retrata? Descreva-a.

2. O que você imagina que as pessoas estão fazendo? Onde elas poderiam estar?

3. Que tipo de música você imagina que esteja sendo tocado? Por quê?

4. A legenda da fotografia indica que ela foi tirada em uma festa considerada Patrimônio Cultural, ou seja, um bem cultural que representa a tradição e os saberes de um povo.

    a) Você conhece ou já participou de um evento como esse na região em que mora?
    b) Em sua opinião, por que celebrações como festas populares e manifestações como a música são bens a serem preservados?

5. E você, sabe fazer música? Toca ou gostaria de tocar algum instrumento musical? Se sim, qual?

Companhia de Reis tocando em festa popular considerada Patrimônio Cultural. Trindade, Goiás, 2011.

Letra de canção

1. Você gosta de escutar música? Você tem um estilo musical preferido ou gosta de diversos estilos? De qual(is) estilo(s) gosta?

2. Você e seus familiares costumam escutar música? Como e em que momentos?

3. Leia esta letra de canção e cante-a com os colegas e o professor.

Sítio do Pica-Pau-Amarelo

Marmelada de banana
Bananada de goiaba
Goiabada de marmelo
Sítio do Pica-Pau-Amarelo
Boneca de pano é gente
Sabugo de milho é gente
O sol nascente é tão belo
Sítio do Pica-Pau-Amarelo

Rios de prata piratas
Voo sideral na mata
Universo paralelo
Sítio do Pica-Pau-Amarelo
No país da fantasia
Num estado de euforia
Cidade polichinelo
Sítio do Pica-Pau-Amarelo

Gilberto Gil. *Sítio do Pica-Pau-Amarelo*. Som Livre, 2001. Faixa 1.

a) Você já conhecia essa canção? Caso sim, onde você a ouviu?

b) Há algo no modo como ela é cantada que você ache interessante?

c) Ouvir essa canção desperta em você alguma sensação?

d) Você gosta de dançar? Em sua opinião, canções como essa despertam vontade de dançar? Por quê?

Conhecendo o texto

Você vai ler a letra de uma canção chamada "Os super-heróis". Por esse título, o que você espera encontrar na leitura? Converse com os colegas. Depois, leia o texto.

Os super-heróis

Nós somos os super-heróis
Defendemos nossa nação
Vivemos nos gibis, nas telas dos cines
Nos filmes de televisão
Levamos bandidos, ladrões, malfeitores, larápios
A dormir na prisão

Nós somos os super-heróis
Lutamos contra quem vier
Baixinhos, gordinhos, gigantes
Vilões **maquiavélicos**, homem ou mulher
Mas temos momentos na vida
Em que somos pessoas como outras quaisquer

Eu sou o Homem-Aranha
E vou lhes contar um pequeno segredo
Se esqueço da rede subindo num prédio
Eu fico morrendo de medo

Eu sou o detetive Batman
E ontem à tarde perdi minha agulha
Caiu um botão da minha capa e eu não pude
De noite fazer a patrulha

Eu sou o leal Super-Homem
E hoje cedinho antes de ir pro batente
Estava com sono e passei sem querer
Criptonita na escova de dente

Eu sou o conhecido Hulk
E vou revelar um segredo contido
No carnaval na avenida vou me fantasiar
De abacate batido

Eu sou a Mulher-Maravilha
E supermulher que se preza não mente:
Eu fui dar um beijo no meu namorado
E quebrei seus dentinhos da frente.

Toquinho e Mutinho. *Casa de brinquedos*. Polygram, 1995. Faixa 7.

> **Maquiavélico:** desleal, traiçoeiro.

Interpretação, linguagem e construção do texto

1 Ao ler o título da letra da canção, você esperava encontrar o que encontrou no texto? Comente com os colegas.

2 Qual é o assunto da letra da canção? Sublinhe os versos do texto que mostram como você chegou a essa conclusão.

3 Na sua opinião, os super-heróis deveriam passar por situações como as apresentadas na letra da canção? Por quê? Troque ideias com os colegas.

4 Para que público a canção foi composta? Justifique sua resposta.

5 Complete o quadro com base na letra da canção e dos seus conhecimentos sobre esses heróis.

Super-herói	Como geralmente é caracterizado	Elemento de humor da canção
Homem-Aranha		Se sobe em um prédio sem a rede, morre de medo.
Batman	Usa roupa preta, parece um morcego.	
Super-Homem	É forte; a criptonita é seu ponto fraco.	
Hulk		Vai sair fantasiado de abacate batido no desfile de Carnaval.
Mulher-Maravilha	É forte e corajosa.	

6 Releia estes versos prestando atenção à palavra destacada.

> Levamos bandidos, ladrões, malfeitores, **larápios**
> A dormir na prisão.

a) Sem consultar o dicionário, assinale o sentido da palavra destacada.

☐ Indivíduos que roubam.

☐ Pessoas que ajudam os outros.

☐ Indivíduos que têm medo de ser assaltados.

b) Como você chegou a essa conclusão?

_____

_____

7 Leia agora como a palavra **larápio** aparece em um dicionário.

> **larápio**
> la·rá·pi·o
> **sm**
> **COLOQ** Aquele que tem o hábito de furtar; gatuno, ladrão, ratoneiro.

Disponível em: <http://michaelis.uol.com.br/moderno-portugues/busca/portugues-brasileiro/lar%C3%A1pio/>. Acesso em: 21 jun. 2018.

a) O sentido de **larápio** apresentado nesse dicionário é igual ao que você assinalou na atividade anterior?

b) No verbete, após a definição de **larápio**, aparecem alguns sinônimos para essa palavra. Na sua opinião, por que isso acontece?

c) Depois da entrada do verbete, a palavra **larápio** é repetida, escrita de forma diferente. Por que isso acontece? O que está sendo indicado?

_____

_____

d) O que indica a abreviatura **sm** que aparece nesse verbete?

_____

e) Observe a abreviatura que aparece no verbete antes do significado da palavra **larápio**. O que ela significa?

☐ Que a palavra tem um uso informal, coloquial.

☐ Que a palavra deve ser colocada como substituta de outra palavra.

8 Releia a letra da canção "Os super-heróis" e observe como ela se organiza.

a) Quantas estrofes ela tem?

b) Quantos versos tem cada estrofe?

9 Na letra da canção, há uma estrutura que se repete no início das cinco últimas estrofes. Qual é ela?

■ Esse recurso de repetição ajuda a memorizar a canção? Por quê?

10 Na letra da canção "Os super-heróis", os compositores exploram as rimas de algumas palavras, o que contribui para a sonoridade do texto, deixando-o mais musical. Que palavras rimam nessa letra?

11 Você notou que a letra de canção tem características parecidas com as de um poema? A letra de canção também apresenta versos, estrofes, rimas e musicalidade. Então, o que a diferencia de um poema? Converse com um colega e, depois, registrem a conclusão a que chegaram.

Conhecendo outros textos

Leia esta letra de canção.

Cantiga de Penas

Uirapuru araraúna
O curió cantou pra mim
No meu caminho a cigarra voa...
Guará se esconde tão vermelhim
Vejo coleira no quintal
Eu vou te amar bem-te-vi

Uma pupunha roída assim
Só pode ser passarim
De primavera de flor em flor
De brincadeira do meu amor
Quem vive livre é feliz,
Mais contente é o passarim

Uirapuru araraúna
O curió cantou pra mim
No meu caminho a cigarra voa...
Guará se esconde tão vermelhim
Vejo coleira no quintal
Eu vou te amar bem-te-vi

Salomão Habib. Cantiga de Penas. Intérprete: Palavra Cantada. *Canções do Brasil*. Disponível em: <http://palavracantada.com.br/musica/cantiga-de-penas/>. Acesso em: 21 jun. 2018.

1 Sobre o que trata a letra dessa canção?

2 Que relação o título e as ilustrações têm com essa letra de canção?

3 Com os colegas e o professor, releiam a letra de canção e circulem nela duas palavras que foram escritas da forma como algumas pessoas as falam, e não da forma como geralmente são escritas.

a) Falem em voz alta as palavras circuladas. Vocês pronunciam essas palavras da forma como elas são escritas na letra da canção ou de outra maneira?

b) Em sua opinião, por que essas palavras foram escritas dessa maneira?

c) Considerando o exemplo dessas palavras, vocês diriam que todas as pessoas falam da mesma forma? Justifiquem suas respostas.

Descobertas sobre a escrita

1 **Releia esta estrofe da letra da canção "Os super-heróis".**

> Nós somos os super-heróis
> Lutamos contra quem vier
> Baixinhos, gordinhos, gigantes
> Vilões maquiavélicos, homem ou mulher
> Mas temos momentos na vida
> Em que somos pessoas como outras quaisquer

a) Copie as palavras em que há letras **M** e **N** marcando a nasalização de uma vogal.

_____   _____   _____

_____   _____   _____

b) Nas palavras que você escreveu, circule essas letras **M** e **N**.

c) Observe as letras que você circulou e assinale a afirmação correta.

☐ Tanto a letra **M** quanto a letra **N** estão em final de sílaba.

☐ Apenas a letra **M** está em final de sílaba.

☐ Apenas a letra **N** está em final de sílaba.

d) Há alguma letra **N** circulada em final de palavra? ☐ Sim. ☐ Não.

> As letras **M** e **N** são usadas em fim de sílaba para marcar a nasalização da vogal. Quando isso acontece no final da palavra, geralmente se usa a letra **M**. Mas há exceções, como as palavras **pólen** e **hífen**.

2 **É com M ou N?**

ma____ga   se____tado   dormi____do   pousa____

assi____   póle____   vale____te   ci____tura

tro____co   ni____gué   ta____pa   o____te

UNIDADE 1

3 Decifre as charadas.

Dica: As respostas das charadas são palavras terminadas com a letra **M**.

a) Alimento comum para o gado bovino. ……………………………

b) Término, final. ……………………………

c) Nome que se dá à pessoa adulta do sexo masculino cuja palavra no feminino é **mulher**. ……………………………

d) Livro em que se arquivam fotografias. ……………………………

e) É formada por gotículas de água. De longe pode parecer algodão e muda constantemente a sua forma pela ação dos ventos. ……………………………

4 Agora, encontre no diagrama as respostas destas outras charadas.

Dica: Todas as respostas possuem as letras **M** ou **N** no final de sílaba.

a) Um tipo de peixe.

b) Bagunça, falta de organização.

c) Instrumento musical de percussão.

d) Lanche que se come no intervalo das aulas.

e) Menino ou menina no período da infância.

f) Espaço onde se plantam árvores e flores.

G	D	J	I	H	E	X	P	T	C	R	I	A	N	Ç	A
U	E	A	G	I	U	L	O	P	R	A	U	T	Y	E	T
Y	S	R	M	T	R	Ã	O	I	T	P	N	U	G	S	A
I	H	D	S	C	A	P	O	P	W	S	Ç	M	R	U	I
Ã	Q	I	B	C	S	M	B	C	O	N	F	U	S	Ã	O
O	L	M	B	O	C	S	B	I	N	G	Y	C	F	E	N
Ç	R	G	R	A	E	I	Ã	O	T	A	S	C	O	R	Ç
U	M	C	S	O	R	R	M	E	R	E	N	D	A	H	M

Refletindo sobre a língua

1 Releia estes versos de "Cantiga de Penas" e observe os verbos destacados.

> Uirapuru araraúna
> O curió **cantou** pra mim
> No meu caminho a cigarra **voa**...

> Quem vive livre **é** feliz,
> Mais contente **é** o passarim

a) Os verbos **cantar** e **voar** no primeiro trecho:

☐ indicam ação.

☐ indicam fenômeno da natureza.

☐ indicam estado.

b) No segundo trecho, o verbo **ser**:

☐ indica ação.

☐ indica fenômeno da natureza.

☐ indica estado.

2 Agora, releia esta estrofe da letra da canção "Os super-heróis" e observe os verbos destacados.

> Eu **sou** o leal Super-Homem
> E hoje cedinho antes de **ir** pro batente
> **Estava** com sono e **passei** sem querer
> Criptonita na escova de dente

■ Copie esses verbos no quadro a seguir, de acordo com o sentido que eles têm nos versos da letra da canção.

Verbos que expressam ação	Verbos que expressam estado

3 Você conhece alguma canção que apresenta verbos que expressem **fenômenos da natureza**? Escreva o nome dela abaixo e compartilhe a letra com os colegas e o professor para confirmarem a resposta. Caso não conheça nenhuma, faça uma pesquisa.

....

4 Releia mais estes versos da letra "Os super-heróis". Depois, escreva em que **tempo** estão as ações expressas pelos verbos destacados.

E ontem à tarde **perdi** minha agulha
Caiu um botão da minha capa e eu não **pude**
De noite fazer a patrulha

....

....

....

5 Agora, releia estes versos.

Nós somos os super-heróis.
Lutamos contra quem vier

a) Em que tempo está a ação expressa pelo verbo **lutar**?

....

b) Escreva uma frase com o verbo **lutar** em um tempo diferente do usado na canção.

....

....

6 Reescreva estas frases de modo que os verbos indiquem fenômenos da natureza ocorridos no pretérito (passado).

a) Aqui venta muito pela manhã.

....

b) Chove muito naquela cidade.

....

7 Releia estes versos da canção "Os super-heróis" e observe os verbos destacados.

> Levamos bandidos, ladrões, malfeitores, larápios
> A **dormir** na prisão
>
> [...]
>
> Eu **sou** o leal Super-Homem
> E hoje cedinho antes de **ir** pro batente
> **Estava** com sono e passei sem querer
> Criptonita na escova de dente
>
> [...]

- É possível identificar em que tempo ocorrem as ações ou a situação expressa por esses verbos? Em caso afirmativo, indique que tempo é esse.

_____

_____

_____

8 Observe a expressão destacada nesta estrofe.

> Eu sou o conhecido Hulk
> E vou revelar um segredo contido
> No carnaval na avenida vou **me fantasiar**
> De abacate batido

a) A palavra **fantasiar** é um:

☐ substantivo.   ☐ adjetivo.   ☐ verbo.

b) A quem a palavra **me** se refere?

☐ Hulk   ☐ avenida   ☐ abacate

c) Qual é a classe gramatical da palavra **me**?

☐ adjetivo   ☐ pronome   ☐ verbo

UNIDADE 1

Bloco de notas

Verbos

Registre o que você aprendeu sobre verbos. Para isso, reflita sobre as questões a seguir e anote suas respostas.

- O que os verbos podem expressar em uma frase?

- Em que tempo eles podem estar?

Vamos falar sobre...

Trabalho infantil

Um levantamento do IBGE (Instituto Brasileiro de Geografia e Estatística) feito em junho de 2017 mostra que:
- 2,7 milhões de brasileiros entre 5 e 17 anos trabalham.
- 79 mil brasileiros começam a trabalhar antes de completar 10 anos de idade.

O trabalho infantil viola os direitos da criança e do adolescente previstos no Estatuto da Criança e do Adolescente (ECA) e afasta as crianças da escola e da possibilidade de um futuro digno. É dever do Estado proteger todas as crianças e garantir que elas estudem em vez de trabalhar.

■ Reflita sobre essas informações. Depois, converse com os colegas e o professor sobre as questões a seguir.
  a) Como o trabalho infantil afasta as crianças da escola?
  b) Que motivos levariam uma criança a trabalhar em vez de estudar? E como eles poderiam ser evitados?
  c) O que vocês diriam aos governantes para mostrar a importância de garantir os direitos das crianças?

Diversão em palavras

Hora do jogo! Agora, você e os colegas vão se divertir usando o que aprenderam para brincar com a **Trilha dos verbos**.

Para isso, vocês terão de pensar nos verbos da trilha nos tempos presente, pretérito (passado) e futuro e relacioná-los ao pronome **ela**. Por exemplo:

Ela luta. (presente)   Ela lutou. (pretérito/passado)   Ela lutará. (futuro)

Vejam como jogar.

1. **Material**
   - Tabuleiro da página seguinte.
   - Botões ou outros objetos que identifiquem cada um dos jogadores.
   - Um dado.

2. **Regras**
   a) Organizem-se em grupos de quatro jogadores.
   b) O primeiro jogador lança o dado e deve percorrer a quantidade de casas correspondente ao número da face do dado que ficar voltada para cima.
   c) Quando chegar à casa correspondente:
   - Se a face do dado virada para cima indicar os números **1** ou **2**, o jogador deve falar a frase usando o **pretérito** (passado) do verbo indicado na casa.
   - Se a face do dado virada para cima indicar os números **3** ou **4**, o jogador deve falar a frase usando o **presente** do verbo indicado na casa.
   - Se a face do dado virada para cima indicar os números **5** ou **6**, o jogador deve falar a frase usando o **futuro** do verbo indicado na casa.
   d) Se o jogador acertar a resposta, passa a vez para o jogador seguinte e não perde a vez na próxima rodada. Se errar, passa a vez para o outro jogador e fica uma rodada sem jogar.
   e) Se a mesma casa for sorteada mais de uma vez, o dado deverá ser lançado novamente.
   f) Ganha o jogo quem chegar primeiro ao final da trilha.

LARGADA

amar — partir — comer — falar — cantar — beber — estudar — vender — brincar — correr — corrigir — jogar — receber — lembrar — pensar — escrever — dançar — chamar — usar — proteger — chegar — passear — pular — voar — ficar — aprender — cumprir — viajar — cair — dormir

CHEGADA

Entre linhas e ideias

Você estudou algumas letras de canção e, agora, vai se reunir com um colega para fazer uma paródia da canção "Os super-heróis". Depois, vocês poderão apresentá-la para colegas da escola.

Siga estas orientações.

1. **Planejamento**

    a) Com os colegas e o professor, conversem sobre as seguintes questões:
    - O que é uma paródia?
    - Vocês já ouviram alguma paródia de canção? Se sim, de qual canção?

    b) Reúna-se com um colega e anotem no caderno suas conclusões sobre o que é uma paródia e alguns exemplos de paródia musical. Se perceberem que ainda têm dúvidas, conversem com o professor.

    c) Retomem a letra da canção "Os super-heróis" e procurem ouvir a canção. Vocês podem buscá-la na internet ou cantá-la com a ajuda do professor. Fiquem atentos à melodia.

    d) Para escrever essa paródia, vocês devem manter a melodia da canção, mudando apenas a letra das cinco últimas estrofes. Para isso, substituam os super-heróis que aparecem nessas estrofes. Vocês podem escolher cinco super-heróis do quadro abaixo ou outros de sua preferência.

Estelar	Homem-Formiga
Flash	Lanterna Verde
Aquaman	Thor
Capitão América	Robin
Batgirl	Homem de Ferro
Arqueiro Verde	Tempestade
Mulher-Gavião	Supergirl

    e) Imaginem problemas cotidianos que os super-heróis escolhidos enfrentariam. Procurem trabalhar com o humor, que é uma característica importante das paródias.

f) Revejam a estrutura da letra da canção "Os super-heróis" e atentem para o número de versos em cada estrofe e em que parte acontecem as rimas.

2. **Primeira versão**

   a) Em uma folha à parte, escrevam as ideias principais da paródia, incluindo os super-heróis escolhidos e as situações que eles enfrentam no dia a dia.

   b) Para a escrita da primeira versão, modifiquem os versos das cinco últimas estrofes de acordo com o que planejaram.

   - Lembrem-se de seguir a melodia para que os versos possam ser cantados.
   - Escolham palavras que rimem nos versos, tomando cuidado para fazerem sentido.

   c) Testem a paródia cantando-a. Vocês podem cantar juntos para perceber se a melodia se mantém ou se é necessário fazer ajustes.

   d) Deem um título para a paródia.

3. **Revisão**

   a) Troquem a paródia com a de outra dupla. Leiam a letra da canção considerando as perguntas do quadro.

   >
   > - A paródia apresenta cinco super-heróis que passam por situações diferentes das apresentadas na canção original?
   > - É possível cantar a paródia seguindo a melodia original?
   > - Os versos fazem sentido e as rimas dão ritmo ao texto?
   > - A grafia das palavras está correta?
   > - A paródia tem um título? Esse título combina com o texto?

   b) Vocês podem fazer anotações na paródia da outra dupla, sugerindo melhorias.

   c) Recebam de volta a paródia de vocês e analisem as anotações feitas pelos colegas.

4. **Versão final**
   - Passem as estrofes modificadas a limpo, organizando-as nas linhas abaixo.

Praticando a fala e a escuta

Cada dupla formada para a atividade da seção **Entre linhas e ideias** apresentará a paródia de outra dupla para o professor e para alguns colegas da escola.

Com a ajuda do professor, vocês vão organizar o espaço para a apresentação, que pode ser a sala de aula, o pátio da escola, o auditório, onde todos acharem melhor.

Se possível, o local pode ser decorado com elementos que remetam aos super-heróis mencionados nas paródias.

1. **Planejamento**

    a) Reúnam-se novamente em duplas. Cada dupla deve contar para a turma que super-heróis usou em sua paródia.

    b) Com seu colega, escolham a paródia de outra dupla para apresentar. O professor também pode fazer um sorteio.

    c) Reúnam-se com a dupla que criou a paródia que vocês vão apresentar. Leiam os textos e conversem sobre eles: Por que escolheram estes super-heróis?; Por que criaram estas situações?; Qual foi a maior dificuldade durante a produção?; Ficaram satisfeitos com o resultado?.

    d) Providenciem com o professor um meio de tocar a canção "Os super-heróis" antes da apresentação das paródias.

2. **Ensaio**

    a) Em uma folha à parte, copiem a paródia completa. Se possível, decorem a letra e combinem movimentos para fazer enquanto cantam.

    b) Escolham um local da escola onde você e seu colega possam ensaiar a apresentação da paródia. Um pode apresentar para o outro ou os dois podem cantar juntos. O importante é testarem como a apresentação fica melhor.

    c) Após o ensaio das duplas, a turma pode organizar com o professor um ensaio geral, de modo que seja organizada a ordem de apresentação das duplas e possam ajustar detalhes.

    d) Assistam com atenção e em silêncio às apresentações dos colegas para, depois, ajudá-los a melhorá-las, dando dicas e sugestões.

3. **Apresentação**

    a) Recepcionem os convidados com gentileza. Cumprimentem-os e atentem para que todos tenham lugar para se sentar.

    b) Se possível, gravem as apresentações.

c) Um dos alunos pode fazer a apresentação geral, dizendo que a turma, organizada em duplas, apresentará paródias da canção "Os super-heróis".

d) Toquem para os convidados a canção original, para que eles saibam de onde surgiram as paródias.

e) No momento da apresentação, atentem para o tom de voz, que deve ser adequado para que o público entenda a letra e aproveite a apresentação.

f) Cuidem também da expressão corporal. Vocês podem se movimentar no palco e gesticular enquanto cantam.

g) Ao final da apresentação, ouçam os comentários do público.

4. **Avaliação**

a) Converse com o professor e os colegas sobre a apresentação das paródias, com base nas perguntas do quadro abaixo. No caso de a apresentação ter sido gravada, assistam à gravação antes de iniciar a conversa.

- As duplas seguiram a melodia da canção original?
- O tom de voz e a postura corporal estavam adequados?
- As paródias exploraram o humor? O público se divertiu?
- Ao final, o público fez comentários sobre as paródias?
- Vocês gostaram da apresentação da paródia que vocês escreveram? Qual comentário vocês fariam?

b) Se a apresentação da turma tiver sido gravada, verifiquem com o professor a possibilidade de publicá-la no *site* ou no blogue da escola, com as devidas autorizações.

Autoavaliação

Como foi seu aprendizado nesta Unidade? Reflita sobre estas perguntas. Depois, marque um **X** na opção que melhor representa seu desempenho.

1. Eu consigo ler e compreender letras de canção?			
2. Eu compreendo algumas diferenças entre o texto falado e o texto escrito?			
3. Eu sei escrever palavras com **M** e **N** em final de sílaba?			
4. Eu consigo usar verbos no pretérito (passado), no presente e no futuro?			
5. Eu sei escrever e apresentar uma paródia musical?			

Sugestões

Para ler

- *Música*, de Raquel Coelho. São Paulo: Formato, 2006.

    A história da música é contada por meio de um texto informativo e de ilustrações montadas com diversos materiais – sucata, papel, tecido. Há informações sobre instrumentos, estilos musicais, cantores e muito mais.

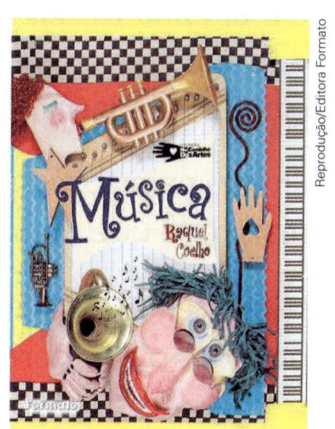

- *As pombas*, de Chiquinha Gonzaga e Raimundo Correia. São Paulo: Formato, 2010.

    O ilustrador Clayton Junior recria a letra da canção "As pombas" em forma de desenho. O livro traz também uma biografia de Chiquinha Gonzaga.

Conectando saberes

Cantigas de ninar

Se você já viu alguém cantando para um bebê dormir ou, quem sabe, se lembra de um adulto cantar para você pegar no sono, provavelmente você conhece uma **cantiga de ninar**.

Mas será que você já reparou nessas cantigas? Percebeu que alguns personagens que aparecem nelas fazem parte do nosso folclore?

Leia estes trechos de duas versões de uma cantiga de ninar.

Nana neném
Que a Cuca vem pegar
Papai foi pra roça
Mamãe foi trabalhar
[...]

Dorme nenê
Que a Cuca vem pegar
Papai foi na roça
Mamãe já vem já
[...]

Da tradição popular.

1 Você já conhecia essa cantiga? Sabe cantá-la em alguma dessas versões ou em uma versão diferente das que acabou de ler? Compartilhe com os colegas.

2 Em sua opinião, uma dessas versões da cantiga é mais certa que a outra? Por quê?

3 Nessa cantiga, fala-se da Cuca, uma personagem do folclore brasileiro.

- Você já havia ouvido falar da Cuca? Em caso afirmativo, onde e quando?

A Cuca é uma personagem presente no folclore brasileiro e que não tem forma física definida.

Observe esta reprodução do quadro *A Cuca*, da pintora brasileira Tarsila do Amaral. Em seguida, leia uma pequena explicação sobre a obra.

A Cuca, de Tarsila do Amaral, 1924 (óleo sobre tela, de 73 cm × 100 cm).

Em carta à sua filha Dulce, em fevereiro de 1924, Tarsila escreveu: "Estou fazendo uns bichos bem brasileiros que têm sido muito apreciados. Agora fiz um que se intitula *A Cuca*. É um bicho esquisito, no mato com um sapo, um tatu e outro bicho inventado".

Disponível em: <http://tarsiladoamaral.com.br/cuca-de-tarsila-do-amaral-na-exposicao-jardin-infini-no-centre-pompidou-metz/>. Acesso em: 5 jan. 2018.

4) Você acha que esse "bicho esquisito" representado por Tarsila do Amaral teria relação com a personagem da cantiga de ninar? Por quê?

5) Como você imagina a personagem Cuca? Em uma folha à parte, desenhe sua versão da personagem. Depois, mostre-a aos colegas e ao professor.

6) Você conhece outras cantigas de ninar que mencionam personagens do folclore brasileiro? Converse com os colegas e o professor.

UNIDADE 2

Cenas do cotidiano

Nesta Unidade, você vai:

- Conhecer, interpretar e escrever crônicas.
- Reconhecer substantivos que variam em gênero.
- Identificar a grafia de alguns verbos no pretérito (passado).
- Produzir e apresentar uma notícia falada.

Observe a fotografia ao lado. Depois, converse com os colegas e o professor sobre estas questões.

1. O que está acontecendo na cena retratada?
2. Como é possível saber se essa fotografia foi tirada em um rio ou no mar? Você conhece algo sobre o animal que aparece na fotografia?
3. Você acha que o menino está se divertindo? Por quê?
4. Que sensação essa imagem lhe transmite?
5. Essa é uma cena comum ou incomum em seu dia a dia?
    - Caso não esteja familiarizado com esse tipo de situação, você acha que ela é comum em regiões diferentes da região onde você vive? Explique.
6. Você já viveu histórias que considera incomuns? Teve vontade de contá-las para os amigos? E já ouviu esse tipo de história de outras pessoas?

Criança brincando com boto-cor-de-rosa no rio Negro. Comunidade São Thomé, Manaus (AM), 2016.

Crônica

1 Observe estas imagens. Qual delas você escolheria para ilustrar um texto de humor?

- O que você considerou ao fazer sua escolha? Explique para os colegas.

2 Você já viveu alguma situação inesperada que o fez rir muito? Conte aos colegas e ao professor.

3 Reúna-se com um colega e escrevam em uma folha à parte situações incomuns que já aconteceram com vocês ou que podem acontecer no cotidiano. Pensem especialmente em situações engraçadas.

4 Você vai ler uma crônica chamada "A bolsa ou o elefante", do escritor Stanislaw Ponte Preta.

a) Imagine uma cena engraçada que poderia envolver uma bolsa e um elefante. Anote a história que você imaginou. Depois, compartilhe-a com os colegas.

b) Agora, leia silenciosamente a crônica e confira se nela acontece algo parecido com o que você imaginou. Você terá a oportunidade de também ler o texto em voz alta com seus colegas.

Conhecendo o texto

A bolsa ou o elefante

Começou a história com a senhora prometendo ao filhinho que o levava para ver o elefante. Prometido é devido, a senhora foi para o Jardim Zoológico da Quinta da Boa Vista e parou diante do elefante. O garotinho achou o máximo e não resta dúvida que, pelo menos dessa vez, o explorado adjetivo estava bem empregado. Mas sabem como é criança, nem com o máximo se conforma:

— Mãe, eu quero ver o elefante de cima.

Taí um troço difícil: ver um elefante de cima. Mas se criança é criança, mãe é mãe. A senhora levantou o filho nos braços, na esperança de que ele se contentasse. Foi quando se deu o fato principal da história. A bolsa da senhora caiu perto da grade e o elefante [...] botou a tromba pra fora da jaula, apanhou a bolsa e comeu.

E agora? Tava tudo dentro da bolsa: chave do carro, dinheiro, carteira de identidade, maquilagem, enfim, essas coisas que as senhoras levam na bolsa. A senhora ficou muito chateada, principalmente porque não podia ficar ali assim... como direi?... ficar esperando que o elefante devolvesse por outras vias a bolsa que engolira.

Era uma senhora ponderada, do contrário, na sua raiva teria gritado:

— Prendam este elefante!

Pedido, de resto, inútil, porque o elefante já estava preso. Mas isso tudo ocorreu numa segunda-feira. Dias depois ela telefonou para o diretor do Jardim Zoológico, na esperança de que o elefante já tivesse completado o chamado ciclo alimentar.

Não tinha. Pelo menos em relação à bolsa, não tinha. O diretor é que estava com a bronca armada:

— O que é que a senhora tinha na bolsa? O elefante está passando mal — disse o diretor.

E a senhora começou a imaginar uma dor de barriga de elefante. É fogo... lá deviam estar diversos faxineiros de plantão.

— Se o elefante morrer, teremos grande prejuízo — garantia o diretor — não só com a morte do animal como também com o féretro. A senhora já imaginou o quanto está custando enterro de elefante?

A senhora imaginou, porque tinha contribuído para o enterramento de uma tia velha, dias antes. E a tia até que era mirradinha.

Deu-se então o inverso. Já não era ela que reclamava a bolsa, era o diretor que reclamava pela temeridade da refeição improvisada. Para que ele ficasse mais calmo, a dona da bolsa falou:

— Olha, na bolsa tinha um tubo de "Librium", que é um tranquilizante.

Até agora o diretor não sabe (pois ela desligou) se a senhora falou no tranquilizante para explicar que não era preciso temer pela saúde do elefante, ou se para ele tomar quando a bolsa reaparecesse.

A bolsa ou o elefante, de Stanislaw Ponte Preta.
Em: *Febeapá*: Festival de Besteira que Assola o País.
São Paulo: Companhia das Letras, 2015. p. 142-143.

Sérgio Marcos Rangel Porto (1923-1968) criou para si o pseudônimo Stanislaw Ponte Preta, em 1951. Usava esse nome para assinar os textos em que satirizava a sociedade da época, publicados no extinto jornal *Diário Carioca*.

Trabalhou como bancário por 22 anos antes de se dedicar integralmente ao ofício de escritor. Algumas de suas principais obras são: *Tia Zulmira e eu* (1961); *Rosamundo e os outros* (1963); *Febeapá 1* (Primeiro Festival de Besteira que Assola o País) (1966); *Febeapá 2* (Segundo Festival de Besteira que Assola o País) (1967).

Interpretação, linguagem e construção do texto

1 Qual é o principal acontecimento da crônica "A bolsa ou o elefante"?

2 Em que lugar isso acontece? E em qual dia da semana?

3 Quantas e quais são as personagens envolvidas na história?

4 O garoto pediu para ver o animal de cima. A mãe realizou o desejo do filho? O que aconteceu em seguida?

5 Com um colega, siga as orientações e preencha o quadro abaixo.

a) Na primeira coluna, escrevam palavras do texto que vocês não conheçam.

b) Na segunda coluna, anotem o significado que acreditam que elas tenham.

c) Por fim, consultem um dicionário para verificar o significado de cada palavra e escrevam-no na terceira coluna.

Esta palavra eu não conhecia	Acho que ela quer dizer...	Seu significado no dicionário é...

6 Releia os trechos e faça o que se pede.

> Era uma senhora **ponderada**, do contrário, na sua raiva teria gritado [...]

a) Reescreva a frase substituindo a palavra destacada, sem mudar seu sentido.

_____

_____

> E agora? Tava **tudo** dentro da bolsa [...]

b) Indique, de acordo com o texto, a que objetos a palavra **tudo** se refere.

_____

> Deu-se então o **inverso**.

c) Explique o que a informação em destaque significa no texto.

_____

_____

7 Essa história tem um narrador observador ou um narrador personagem? Troque ideias com um colega e, juntos, cheguem a uma conclusão.

☐ narrador observador   ☐ narrador personagem

8 Releia este trecho.

> [...] O garotinho achou o máximo e não resta dúvida que, pelo menos dessa vez, o explorado adjetivo estava bem empregado.

a) Na expressão **achar o máximo**, qual é o significado da palavra **máximo**? Escreva adjetivos com significado semelhante.

_____

b) Pense em outros usos do adjetivo **máximo**. Que outro significado ele pode ter?

c) Considerando a situação apresentada na crônica, por que o narrador afirmou que "pelo menos dessa vez" o adjetivo **máximo** estaria bem empregado? Discuta com os colegas.

UNIDADE 2

9 Releia este trecho, que apresenta uma opinião sobre o garoto.

> Mas sabem como é criança, nem com o máximo se conforma [...]

a) Quem deu essa opinião sobre o garoto?

b) Para quem é dada essa opinião?

c) Que ideia ele quis transmitir ao dar essa opinião?

d) Você concorda com essa opinião? Será que ela corresponde à realidade? Troque ideias com os colegas sobre isso.

10 O narrador informa aos leitores que o diretor estava com a "bronca armada". O que isso significa?

11 Observe as palavras destacadas nestes trechos.

> **Taí** um troço difícil: ver um elefante de cima.
> **Tava** tudo dentro da bolsa [...].

a) Quem fala nesses trechos?

b) As palavras destacadas foram transcritas da maneira como falamos em uma situação coloquial. Reescreva-as usando a linguagem formal.

c) Por que o autor do texto teria escolhido essas palavras, próprias da linguagem oral coloquial?

12 Releia o trecho final da crônica e veja como o narrador termina a história.

> Deu-se então o inverso. Já não era ela que reclamava a bolsa, era o diretor que reclamava pela temeridade da refeição improvisada. Para que ele ficasse mais calmo, a dona da bolsa falou:
> — Olha, na bolsa tinha um tubo de "Librium", que é um tranquilizante.
> Até agora o diretor não sabe (pois ela desligou) se a senhora falou no tranquilizante para explicar que não era preciso temer pela saúde do elefante, ou se para ele tomar quando a bolsa reaparecesse.

a) O fim da crônica dá a ideia de que o diretor ficou em dúvida. O que gera essa dúvida? Converse com os colegas e o professor sobre o que o diretor estaria pensando e depois registre.

b) Que efeito esse recurso causa no leitor?

c) Com um colega, releia o título da crônica e verifique se o autor usou esse mesmo recurso. Contem para a turma o que vocês conversaram.

13 As primeiras crônicas escritas eram publicadas em jornais. Atualmente, além dos jornais, as crônicas podem aparecer em *sites* e em livros.

- Pensando nisso, em sua origem, quem seriam os leitores de crônica? Discuta com o professor e os colegas.

Refletindo sobre a língua

1 Releia este trecho da crônica "A bolsa ou o elefante".

> — Mãe, eu quero ver o elefante de cima.
>
> Taí um troço difícil: ver um elefante de cima. Mas se criança é criança, mãe é mãe. A senhora levantou o filho nos braços, na esperança de que ele se contentasse.

a) Identifique os substantivos presentes nesse trecho e copie-os. Não é necessário repetir palavras.

b) Circule os substantivos que você escreveu e que têm uma forma para indicar o masculino e outra para indicar o feminino.

c) Escreva na coluna 1 os substantivos que você circulou. Depois, complete a coluna 2 com os substantivos femininos ou masculinos correspondentes.

Coluna 1	Coluna 2

> Alguns substantivos têm uma forma para indicar o masculino e outra para indicar o feminino. Nesses casos, dizemos que eles variam em **gênero**.

2 Leia as frases e reescreva-as, trocando o substantivo feminino pelo masculino correspondente. Faça os ajustes necessários.

a) Dias depois, a mulher telefonou para o diretor do jardim zoológico.

b) A garotinha é pequena, mas demonstra que já sabe o que quer.

Diversão em palavras

 ■ Que tal resolver um desafio sobre substantivos? Siga estes passos.

a) Forme dupla com um colega, e leiam as placas abaixo.

b) Em cada placa há um substantivo que não combina com os outros. Identifiquem esse substantivo e formulem uma explicação que justifique a escolha de vocês.

Dica: Lembrem o que vocês sabem sobre gênero dos substantivos.

Placa 1: _____

Placa 2: _____

Placa 3: _____

Placa 4: _____

c) Compartilhem com os colegas a conclusão a que vocês chegaram. O professor vai ajudá-los a confirmar se a explicação está adequada.

Descobertas sobre a escrita

- Observe os verbos destacados no trecho a seguir.

> A senhora **levantou** o filho nos braços, na esperança de que ele se contentasse. Foi quando se **deu** o fato principal da história. A bolsa da senhora **caiu** perto da grade e o elefante [...] **botou** a tromba pra fora da jaula, **apanhou** a bolsa e **comeu**.

a) Quando esses acontecimentos ocorreram: no presente, no pretérito (passado) ou no futuro?

_____

b) A qual pessoa do discurso esses verbos se referem?

☐ eu   ☐ tu   ☐ ele/ela   ☐ nós   ☐ vós   ☐ eles/elas

c) O que a escrita desses verbos tem em comum?

_____

Vamos falar sobre...

Animais em extinção

A cada ano, mais espécies de animais entram na lista de espécies em risco de extinção. O elefante africano é um dos animais que está nessa lista. Considerado o maior mamífero terrestre do planeta, ele pode desaparecer por causa do comércio ilegal de marfim.

Para conter o consumo desse material, é importante que as pessoas tenham acesso à informação: muitas delas desconhecem a violência praticada pelo ser humano contra o elefante africano e acreditam que o marfim caia naturalmente quando esses animais morrem.

- Junte-se a um colega e reflitam sobre as questões a seguir.

    a) Como é possível mudar o comportamento das pessoas em relação à extinção de muitas espécies de animais?

    b) Como podemos garantir que os animais sejam preservados em seus *habitat*, protegidos dos caçadores ilegais?

Refletindo sobre a língua

1) Reúna-se com um colega e observem os verbos em destaque neste trecho.

> **Começou** a história com a senhora prometendo ao filhinho que o levava para ver o elefante. Prometido é devido, a senhora **foi** para o Jardim Zoológico da Quinta da Boa Vista e **parou** diante do elefante. O garotinho **achou** o máximo e não **resta** dúvida que, pelo menos dessa vez, o explorado adjetivo **estava** bem empregado. Mas **sabem** como é criança, nem com o máximo se **conforma**:
>
> — Mãe, eu **quero** ver o elefante de cima.
>
> [...]
>
> — Se o elefante morrer, **teremos** grande prejuízo — **garantia** o diretor [...]

a) Que tempos verbais vocês identificam nesse trecho?

☐ presente   ☐ pretérito (passado)   ☐ futuro

b) Copiem, ao lado do tempo verbal correspondente, os verbos destacados no texto acima.

Presente: _____

Pretérito (passado): _____

Futuro: _____

2) Com um colega, leia as frases a seguir.

I. O elefante comia folhas todos os dias.
II. O elefante comeu a bolsa da mulher naquele dia.

a) Essas frases estão no presente, no pretérito (passado) ou no futuro?

_____

b) Observem os verbos **comeu** e **comia**. Qual deles expressa uma ação que aconteceu e se concluiu em um momento pontual e qual deles expressa uma ação que teve continuidade por algum tempo? Troquem ideias.

> Os verbos podem ser usados no **presente**, no **pretérito** (passado) ou no **futuro**. Alguns tempos verbais se subdividem, expressando diferentes ideias. Isso acontece, por exemplo, com o pretérito: as formas **comeu** e **comia** estão as duas no pretérito, mas transmitem ideias diferentes.

Entre linhas e ideias

Você vai escrever uma crônica, imaginando as situações que você ou uma personagem viveria se encontrasse um animal diferente.

Seu texto fará parte de uma coletânea e ficará disponível na biblioteca da escola, para ser lido pelos colegas.

1. **Planejamento**

    - Para planejar sua crônica, pense sobre estas e outras questões.
        - Quem são as personagens? Você participa da história? Lembre que em uma crônica existem poucas personagens.
        - Quando e onde acontece a situação?
        - Que animal é encontrado? Quais são suas características?
        - Como é o encontro com o animal? Como esse momento pode ser descrito?
        - Outras pessoas encontram o bicho? Como elas reagem ao conhecê-lo?
        - Que situações inusitadas você ou as personagens vivem? Onde e como elas acontecem?
        - Quais são os sentimentos e as sensações das personagens?
        - Como a crônica pode terminar para que seja engraçada ou surpreendente?

2. **Primeira versão**

    a) Organize as ideias que você planejou, escrevendo frases que as desenvolvam e as deixem mais completas. Utilize uma folha à parte ou um editor de textos no computador.

    b) Inicie as frases com letra maiúscula. Pontue o final delas com ponto-final, ponto de exclamação ou ponto de interrogação. Organize-as em parágrafos.

    c) Se houver diálogos entre as personagens, lembre-se de utilizar dois-pontos e travessão para marcar as falas.

    d) Crie um título relacionado ao tema da crônica e que desperte a curiosidade do leitor.

3. Revisão

a) Troque seu texto com o de um colega. Leia o texto dele, considerando as perguntas do quadro.

- Há poucas personagens?
- O encontro com o animal é apresentado no início da história?
- Foi feita uma descrição das características do animal?
- É possível saber onde e quando a situação acontece e como se desenvolve?
- A crônica apresenta alguma situação inusitada?
- O final do texto é engraçado ou surpreendente?
- As frases estão organizadas em parágrafos?
- As falas das personagens estão marcadas por dois-pontos e travessão?
- O gênero dos substantivos (masculino e feminino) e as palavras que os acompanham estão adequados?
- Os tempos verbais correspondem aos momentos em que as ações aconteceram?
- O título tem relação com o tema da crônica?

b) Faça sugestões de melhorias no texto do colega e ouça as sugestões que ele tem em relação à sua crônica.

c) Faça as alterações necessárias em seu texto. Depois, reescreva a crônica, acrescentando seu nome como autor.

4. Versão final

a) Com os colegas e o professor, reúnam as crônicas e organizem a coletânea em folhas de papel sulfite ou no computador (peçam ajuda ao professor de informática para explorar os recursos de programas de edição).

- Estabeleçam critérios para ordenar os textos: ordem alfabética pelos títulos, pelo nome dos autores, por temas, entre outros.
- Verifiquem a necessidade de incluir imagens nos textos e como isso seria feito: em quais páginas entrariam, se seriam ilustrações, fotografias, recortes, entre outros.
- Incluam o número das páginas e montem o sumário da publicação.
- Pensem no nome e na capa do livro.

b) Doem a versão final do livro impresso para a biblioteca da escola.

Praticando a fala e a escuta

Muitos autores de crônicas também se inspiram em notícias lidas e ouvidas para usar como assunto de seus textos. Normalmente eles escolhem as notícias mais inusitadas, que podem render boas histórias.

Que tal você e seus colegas, com a ajuda do professor, produzirem um jornal falado ou radiofônico? Assim, poderão apresentar acontecimentos importantes do dia a dia e, quem sabe, fatos engraçados ou inusitados que podem se transformar em crônicas. Prestem atenção nas etapas a seguir e boa apresentação!

1. **Planejamento**

    a) Forme um grupo com os colegas e ouçam alguns noticiários do rádio ou assistam a alguns noticiários da televisão selecionados pelo professor.

    - Analisem as notícias: que informações são apresentadas, como é a linguagem empregada pelos jornalistas, o ritmo da fala, a entonação, os gestos que fazem enquanto falam.
    - Anotem o tempo de duração de cada notícia. Observem que, em geral, notícias faladas são curtas.

    b) Escolham o tema da notícia que vocês vão apresentar. Cuidem para que seja uma notícia diferente das dos outros grupos.

    c) Busquem informações sobre a notícia, lendo sobre ela em jornais impressos ou na internet, ouvindo arquivos de áudio ou assistindo a vídeos na internet.

    d) Escrevam o roteiro da notícia planejando tudo o que será dito. Não se esqueçam de informar o que aconteceu, como, com quem, quando e onde.

    e) Escolham quem será o locutor da notícia, quem ficará responsável pela marcação do tempo, se alguém fará uma gravação. Vocês podem alternar os papéis.

2. **Ensaio**

    a) O locutor deve ficar atento à entonação e à clareza da voz. Para isso, deve ler o texto várias vezes, treinando bem sua fala.

    b) Verifiquem se a linguagem está adequada à situação. Em jornais, geralmente não é indicado usar gírias ou palavras comuns em conversas mais espontâneas, como **daí**, **né**, etc.

    c) Se tiverem um gravador ou telefone celular disponível, gravem e ouçam o ensaio, pensando em possíveis melhorias.

3. Apresentação

a) Divulguem a apresentação do jornal colocando avisos nos murais da escola.

b) No momento da apresentação, o locutor deve falar com tom de voz e ritmo adequados para que todos os ouvintes possam entendê-lo.

- A transmissão do jornal falado pode ser gravada em vez de acontecer ao vivo.
- O áudio pode ser reproduzido nas caixas de som da escola, na rádio-escola ou, ainda, postado no blogue ou *site* da escola.

c) Durante a apresentação dos colegas, escute a notícia com atenção e respeito.

4. Avaliação

■ Combine com o professor e os colegas um momento para avaliarem as apresentações. Para cada apresentação, usem o quadro a seguir.

- A notícia informou o que aconteceu, quando, onde, como e com quem?
- A data da notícia foi mencionada com clareza?
- O locutor falou com tom de voz e ritmo adequados para que todos pudessem entendê-lo?
- As tarefas foram divididas entre os integrantes do grupo e todos participaram ativamente?
- A linguagem usada na locução da notícia foi formal?
- A notícia apresentada foi engraçada ou inusitada? Ela poderia ser o assunto para uma crônica?

Autoavaliação

Como foi seu aprendizado nesta Unidade? Reflita sobre estas perguntas. Depois, marque um **X** na opção que melhor representa seu desempenho.

	😃	🤔	😐
1. Eu conheço as características da crônica?			
2. Eu consigo escrever crônicas?			
3. Eu reconheço substantivos que variam em gênero?			
4. Eu identifico a grafia de alguns verbos no pretérito (passado)?			
5. Eu consigo produzir e apresentar uma notícia falada?			

Sugestões

 Para ler

- *Para gostar de ler – Crônicas*, Volume 5. Vários autores. São Paulo: Ática, 2011.

    Esse livro reúne algumas das melhores crônicas elaboradas por Carlos Drummond de Andrade, Fernando Sabino, Rubem Braga e Paulo Mendes Campos.

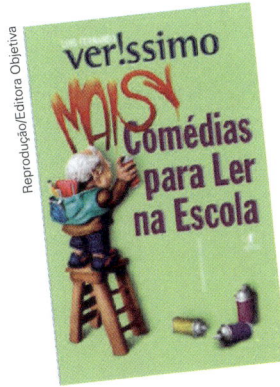

- *Mais comédias para ler na escola*. Luis Fernando Verissimo. São Paulo: Objetiva, 2008.

    O livro apresenta uma seleção de crônicas bem-humoradas e instigantes com as quais você provavelmente vai se divertir ou até se identificar.

UNIDADE 3

Ler para escolher

Nesta Unidade, você vai:

- Ler e interpretar resenhas.
- Identificar prefixos e refletir sobre o significado deles.
- Formar palavras usando prefixos.
- Refletir sobre verbos no infinitivo.
- Localizar verbos no dicionário.
- Reconhecer uma locução verbal.
- Escrever uma resenha literária.
- Apresentar uma resenha oral.

Observe a imagem ao lado e converse com os colegas e o professor sobre as questões a seguir.

1. O que está acontecendo nessa cena? Onde a pessoa parece estar e o que ela está fazendo?

2. Você diria que a pessoa parece interessada no que está observando ou lendo? Por quê?

3. É comum você ver pessoas lendo em lugares públicos? Em que lugares e com que frequência isso acontece?

4. Em quais suportes você costuma ver pessoas lendo textos: livros, revistas, computadores, celulares ou outros?

5. E você, onde costuma ler? Gosta mais de ler o quê?

Resenha

Há muitas maneiras de escolher aquilo que vamos ler. Nosso interesse pela leitura de um livro, por exemplo, pode ser despertado ao ver a capa, ao ouvir os comentários de alguém, ao receber uma recomendação ou ao ler textos com informações e comentários sobre ele.

Como você escolhe um livro para ler?

1 Observe a capa do livro ao lado.

a) Descreva a ilustração que compõe a capa da obra.

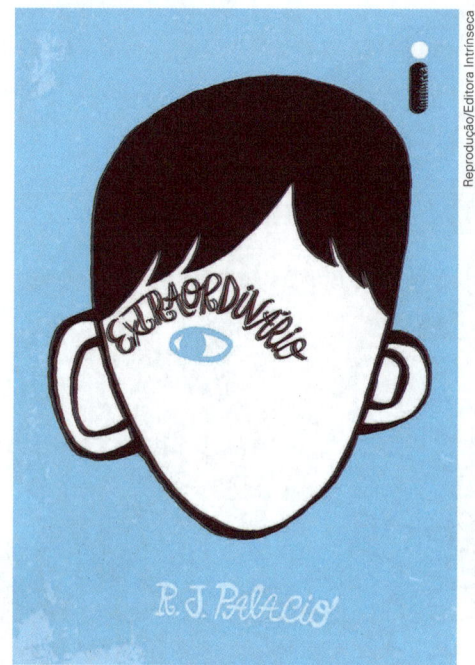

Capa do livro *Extraordinário*, de R. J. Palacio. Rio de Janeiro: Intrínseca, 2017.

b) Qual é a relação da ilustração com o título do livro? Comente com os colegas.

c) Você diria que esse rosto possui uma expressão? Se sim, que emoção a personagem parece sentir? Explique sua resposta aos colegas.

d) Qual é o título desse livro e quem o escreveu?

e) Você imagina qual é o tema desse livro? Que tipo de história você acha que ele apresenta: uma narrativa de ficção, um relato de experiência vivida, um conto, uma biografia, poemas? Por quê?

f) Observando apenas a capa, você se sente curioso e interessado em ler esse livro? Por quê? Troque ideias com os colegas.

2 Agora você vai ler, silenciosamente, um texto sobre esse livro, escrito por uma pessoa que já o leu.

Conhecendo o texto

Resenha: *Extraordinário*, de R. J. Palacio

Aceitação. Se pudesse definir esse livro "Extraordinário" em uma palavra, essa seria a ideia central do livro. August é um personagem tocante e tenho certeza que essa história baseada em fatos reais emocionará muitos leitores.

Sei que não sou um garoto de dez anos comum. Quer dizer, é claro que faço coisas comuns. Tomo sorvete. Ando de bicicleta. Jogo bola. Tenho um [videogame]. Essas coisas me fazem ser comum. Por dentro. Mas sei que as crianças comuns não fazem outras crianças comuns saírem correndo e gritando do parquinho. Sei que os outros não ficam encarando as crianças comuns aonde quer que elas vão. Se eu encontrasse uma lâmpada mágica e pudesse fazer um desejo, pediria para ter um rosto comum, em que ninguém nunca prestasse atenção.

Extraordinário é sobre um garoto que nasceu com "pequenas **anomalias**" que deformaram parte de seu rosto e tornaram o pequeno August um membro diferenciado da sociedade. Desde criança, ele se sentia deslocado em todos os lugares que passava, era como se ele fosse um norte de uma **bússola** e as pessoas se sentiam atraídas a olhar para ele.

August é um personagem cativante, e sua visão do mundo é inspiradora. R. J. Palacio me fez refletir sobre fatos do cotidiano e relacioná-los com a vida de August. Pensar que as coisas mais simples causam grandes discussões que não levam a nada. A vida é para ser vivida intensamente, não importa a sua origem, cor de pele, condição física, religião e outros fatores que infelizmente levam as pessoas a terem algum tipo de preconceito com os outros.

Pediria para poder andar na rua sem que as pessoas me vissem e depois fingissem olhar para o outro lado. Sabe o que eu acho? A única razão de eu não ser comum é que ninguém além de mim me enxerga dessa forma.

A autora deu uma verdadeira lição de moral nos leitores, não é à toa que o livro é um sucesso mundial e criou uma corrente *antibullying*. A narrativa é alternada entre vários personagens do livro que estejam ligados direta ou indiretamente a August

Anomalia: o que se desvia do normal, irregularidade.
Bússola: instrumento de orientação, caixa com uma agulha magnetizada, que sempre aponta para o norte magnético da Terra.

e seu "mundo". Analisando o personagem principal do livro, penso que August queria ser apenas mais um na multidão, pois, ao contrário das pessoas que querem se destacar a todo o momento, o maior desejo de August era passar despercebido e viver uma vida normal ao lado de seus familiares e amigos. R. J. Palacio tratou de questões muito delicadas nesse livro e transformou *Extraordinário* em um livro para todas as idades.

Recorte da quarta capa do livro *Extraordinário*.

Dependendo do seu momento de vida, o livro vai te trazer uma mensagem diferente. Confesso que me emocionei em três partes chaves do livro que significaram muito para mim, não vou comentar aqui para não estragar a montanha-russa de emoções proporcionada por essa história, mas aconselho que vocês preparem os lencinhos antes de começar a história de August.

Outro ponto interessante de *Extraordinário* é o professor de August. Durante as suas aulas, ele escolhe um preceito e pede para os alunos discutirem e criarem os seus próprios preceitos para seguirem no mês. Comecei a seguir essa tradição e sigo alguns preceitos desde que tive a oportunidade de ler o livro.

> *Esse preceito significa que deveríamos ser lembrados pelas coisas que fazemos. Elas importam mais do que tudo. Mais do que aquilo que dizemos ou do que nossa aparência. As coisas que fazemos sobrevivem a nós. São como monumentos que as pessoas erguem em honra dos heróis depois que eles morrem. Como as pirâmides que os egípcios construíram para homenagear os* **faraós**. *Só que, em vez de pedra, são feitas das lembranças que as pessoas têm de você.*

[...]

O que eu mais gostei no livro foi a personificação e os vícios de August. A autora inseriu vários elementos da **cultura *pop*** e incluiu uma ***playlist*** com músicas para acompanhar *Extraordinário* no final do livro. O ponto alto da história são as várias citações e momentos chaves relacionados a ***Star Wars***, um dos vícios de August. Preciso dizer que quero mais?

Faraó: no Egito antigo, soberano, pessoa equivalente a um rei.
Cultura *pop*: cultura inspirada nos destaques do consumo popular e dos meios de comunicação.
***Playlist*:** do inglês, lista de músicas.
***Star Wars*:** famosa série de filmes de ficção científica.

Recomendo o livro para todos os fãs de uma história inspiradora e para todas as idades. A obra de R. J. Palacio não é apenas um livro, é um presente, se me permitem dizer, "Extraordinário".

Guilherme Cepeda. Disponível em: <www.burnbook.com.br/resenhas/resenha-extraordinario-de-r-j-palacio/>. Acesso em: 11 maio 2018. Adaptado.

Guilherme Cepeda, o autor da resenha que você leu, se define como "blogueiro, sonhador e escritor". Nasceu em São Paulo, em 1992, e é formado em Marketing. Sua paixão pelos livros e pela tecnologia o fez criar um blogue sobre literatura para os jovens.

Interpretação, linguagem e construção do texto

1 O primeiro parágrafo do texto está em destaque. Que informações são apresentadas nele?

- Qual é o objetivo desse primeiro parágrafo? Converse com os colegas.

2 No segundo parágrafo, a frase "Sei que não sou um garoto de dez anos comum." é relacionada:

☐ à personagem do livro *Extraordinário*.

☐ ao autor do texto que comenta o livro.

- Esse parágrafo está escrito com letra e espaços diferentes dos que são usados em outros parágrafos do texto. Por que esses recursos foram usados? O que eles indicam?

3 Como August, personagem principal do livro *Extraordinário*, é descrito pelo autor da resenha que você leu?

....

....

....

4 August se sentia um garoto "comum"? Explique.

....

....

■ Como o leitor da resenha sabe desse sentimento mesmo sem ter lido o livro?

....

....

5 Releia este trecho.

> A vida é para ser vivida intensamente, não importa a sua origem, cor de pele, condição física, religião e outros fatores que infelizmente levam as pessoas a terem algum tipo de preconceito com os outros.

■ Essa afirmação é uma opinião do autor do texto ou um fato da vida de August narrado no livro?

....

6 De acordo com o autor do texto, por que a autora do livro deu uma verdadeira lição de moral nos leitores?

☐ Porque ela nos faz "pensar que as coisas mais simples causam grandes discussões que não levam a nada".

☐ Porque "August é um personagem cativante, e sua visão do mundo é inspiradora".

O texto que você leu tem como objetivo apresentar, de maneira breve, comentários e críticas sobre um livro. Ele é chamado de **resenha**.

As resenhas podem ser sobre livros, filmes, restaurantes, etc. Em geral, elas são publicadas em jornais, revistas, *sites* e blogues.

7 Releia o título da resenha e assinale as informações que ele apresenta.

☐ Título do livro comentado.

☐ Nome da editora do livro comentado.

☐ Nome do autor do livro comentado.

☐ Nome do autor da resenha.

8 Releia este trecho.

> *Extraordinário* é sobre um garoto que nasceu com "pequenas anomalias" que deformaram parte de seu rosto e tornaram o pequeno August um membro diferenciado da sociedade. Desde criança, ele se sentia deslocado em todos os lugares que passava, era como se ele fosse um norte de uma bússola e as pessoas se sentiam atraídas a olhar para ele.

■ Que palavras e expressões desse parágrafo foram usadas para se referir à personagem do livro?

_____

_____

9 De acordo com o texto, o professor de August pede aos alunos que criem seus preceitos para seguirem durante o mês. Nesse contexto, qual é o significado da palavra **preceito**? Se necessário, consulte um dicionário.

_____

10 Observe novamente o recorte da contracapa do livro *Extraordinário*, que é apresentado na resenha.

a) Você conhece o ditado popular "Não julgue um livro pela capa"? Que mensagem esse ditado transmite?

Não julgue um ~~livro~~ menino pela ~~capa~~ cara

Reprodução/Editora Intrínseca

_____

_____

_____

b) Que palavras desse ditado foram substituídas na contracapa do livro?

_____

c) Considerando as informações apresentadas na resenha, qual é a relação entre esse ditado modificado e a personagem principal do livro *Extraordinário*?

_____

_____

_____

d) Como você reescreveria esse mesmo ditado?

_____

_____

e) Você acha possível formar uma opinião adequada sobre um livro apenas observando sua capa? Ou sobre um menino apenas observando seu rosto? Converse com os colegas e o professor.

11 Releia este trecho da resenha.

> Recomendo o livro para todos os fãs de uma história inspiradora e para todas as idades. A obra de R. J. Palacio não é apenas um livro, é um presente, se me permitem dizer, "Extraordinário".

a) Que argumentos foram usados para convencer os leitores a ler o livro?

_____

_____

b) Nesse trecho é feito um trocadilho com o título do livro. Que trocadilho é esse e qual é seu efeito no texto?

_____

_____

_____

12 Depois de ler a resenha de Guilherme Cepeda, você sentiu vontade de ler o livro *Extraordinário* e conhecer melhor a história de August? Por quê? Converse com os colegas.

Refletindo sobre a língua

1 Reflita sobre o título do livro comentado na resenha.

Extraordinário

a) Ao ler essa palavra, qual é primeiro significado em que você pensa?

_____

b) Agora, observe as duas partes destacadas acima na palavra extraordinário. Que ideia cada parte transmite, considerando seu uso em conjunto? Se necessário, consulte um dicionário.

ordinário _____   extra- _____

c) A palavra **extraordinário** pode então significar:

☐ algo muito comum.   ☐ algo fora do comum.

> Podemos formar palavras a partir de outras já existentes. No exemplo da palavra **extraordinário**, a inserção de **extra-** antes do adjetivo **ordinário** levou à formação de uma nova palavra, com um novo sentido. Nesse caso, **extra-** é um **prefixo**.

2 Com um colega, escreva palavras com cada um destes prefixos e o significado delas.

Prefixo	Palavra	Significado da palavra
ex-		
hiper-		
des-		
super-		

3 Escreva palavras com os prefixos abaixo. Para isso, leia o significado da palavra que você vai formar.

Navio grande que atravessa o oceano Atlântico: *trans*

O que não é possível: *im*

Atravessar algo com um furo: *per*

Conhecendo outros textos

Você já sabe que, na hora de escolher um livro para leitura, pode contar com a ajuda de uma resenha crítica, não é mesmo? Mas será que também é possível consultar uma resenha na hora de escolher um filme?

- Como você decide a qual filme assistir com amigos ou familiares? Que critérios usa? Converse com os colegas.

Leia o texto a seguir e verifique se ele poderia ajudá-lo a decidir sobre assistir ou não ao filme que apresenta.

Viva – a vida é uma festa

Lembre-se de mim, hoje eu tenho que partir
Lembre-se de mim, se esforce pra sorrir

Existem filmes que conseguem fazer com que você se sinta mais leve depois de assisti-los. *Viva – a vida é uma festa* é um deles: traz uma sensibilidade única para tratar de temas complexos, como a morte, de uma maneira que não subestima os espectadores e, ao mesmo tempo, não assusta os mais jovens que não têm tanta experiência em lidar com perdas.

A trama em si segue uma estrutura que já vimos outras vezes: Miguel, o jovem protagonista, é um músico talentoso que é impedido por sua família de seguir seus sonhos, de maneira similar a Remy, de *Ratatouille*, ou Moana, de *Moana: um mar de aventuras*. Só de saber a **premissa** ou ver o **trailer**, é possível prever alguns acontecimentos, embora algumas surpresas tenham sido guardadas para o final. Entretanto, o ritmo é tão fluido, e a maneira de contar histórias [da produtora] é tão mágica, que é impossível não se deixar encantar.

O longa usa as memórias como uma ponte que une o mundo dos mortos ao nosso. Os que estão do outro lado só podem fazer a travessia e visitar os vivos no ***Día de Los Muertos***, enquanto são lembrados por seus entes queridos. Essas lembranças são quase como uma moeda, de maneira que quem é mais celebrado no nosso mundo desfruta de luxo e riqueza, enquanto quem está perto de ser esquecido tenta se virar em barracos e palafitas.

Cartaz do filme *Viva – a vida é uma festa*. Direção: Lee Unkrich e Adrian Molina. Estados Unidos, 2017.

Premissa: ideia em que algo se baseia.
Trailer: do inglês, vídeo curto elaborado para divulgar um filme.
Día de Los Muertos: do espanhol, feriado equivalente ao de Finados no Brasil.

Os locais representados no longa são muito detalhados, e na pequena cidade mexicana, na qual a trama se inicia, é quase possível sentir o cheiro das flores colocadas nos altares e túmulos, em homenagem aos parentes que partiram. Já na terra dos mortos, a sensação de mergulhar naquele universo é ainda mais intensa, com uma explosão de cores neon e músicas alegres que transportam o espectador imediatamente para um mundo vibrante que difere completamente de qualquer caracterização de pós-vida que conhecemos.

Aliás, as canções merecem uma menção especial. Além de serem excelentes composições, elas foram muito bem adaptadas para o português, e a **dublagem** conseguiu capturar a essência da mensagem e da empolgação original. Embora uma ou duas faixas da trilha estejam um pouco melhores em inglês ou espanhol, é possível ver o filme totalmente dublado e sair bem satisfeito do cinema.

> **Dublagem:** gravação em um idioma que se sobrepõe ao som da língua original da mídia.

[...] Você se sente no meio da multidão que povoa as diferentes regiões da cidade, entende como cada uma delas funciona e imagina que suas pessoas amadas que partiram estão se divertindo por lá, já que você se lembra delas com carinho.

O envolvimento é tamanho que, quando os momentos mais emotivos do filme chegam, as lágrimas que surgem na plateia não parecem simplesmente um golpe barato dos roteiristas: elas são naturais, como a vida ou a morte. Leve sua caixa de lencinhos de papel para o cinema e não tenha medo de entrar nessa barca.

Lembre de mim...

Marina Val. Disponível em: <https://jovemnerd.com.br/nerdnews/viva-vida-e-uma-festa-critica/>.
Acesso em: 11 maio 2018. Adaptado.

Marina Val, autora da resenha que você leu, é formada em Comunicação social e tem pós-graduação em *Design* gráfico. Já foi tradutora e diretora de arte. Atualmente, escreve sobre cinema, especialmente sobre animações.

Interpretação, linguagem e construção do texto

1 Qual é o nome do filme apresentado na resenha?

2 Quem é o autor da resenha?

3 Em que lugar um texto como esse seria publicado?

☐ Em jornais, revistas e *sites* que divulgam notícias sobre cinema e artes.

☐ Em jornais, revistas e *sites* dedicados a registrar biografias de jornalistas.

4 Para quem esse texto foi escrito?

_____

_____

5 O filme *Viva – a vida é uma festa* é uma produção dos Estados Unidos. Releia este trecho da resenha, sobre a dublagem das canções do filme.

> Aliás, as canções merecem uma menção especial. Além de serem excelentes composições, elas foram muito bem adaptadas para o português, e a dublagem conseguiu capturar a essência da mensagem e da empolgação original. Embora uma ou duas faixas da trilha estejam um pouco melhores em inglês ou espanhol, é possível ver o filme totalmente dublado e sair bem satisfeito do cinema.

- No trecho, afirma-se que a dublagem em português conseguiu "capturar a essência da mensagem". O que isso significa? Converse com os colegas e o professor.

6 Reúna-se com um colega e releiam este outro trecho da resenha.

> Os locais representados no longa são muito detalhados, e na pequena cidade mexicana, na qual a trama se inicia, **é quase possível sentir o cheiro das flores** colocadas nos altares e túmulos, em homenagem aos parentes que partiram.

a) Nesse trecho, a que se refere a palavra **longa**?

☐ À cidade mexicana. ☐ Ao filme. ☐ Aos altares.

b) Em geral, os filmes são percebidos pela visão e pela audição, e não pelo olfato. Considerando isso, o que a expressão em destaque significa?

_____

_____

_____

7 Na resenha de *Viva – a vida é uma festa* são citadas outras animações para apresentar informações sobre a trama e a personagem principal do filme. Sublinhe os trechos em que isso acontece.

- Com um colega, responda: Por que esse recurso é usado?

8 Quando uma resenha apresenta a opinião daquele que escreve o texto, ela pode ser chamada de **resenha crítica**. A resenha sobre o filme *Viva – a vida é uma festa* pode ser considerada crítica? Por quê?

9 Você ficou com vontade de assistir ao filme *Viva – a vida é uma festa*? Que informações da resenha contribuíram para isso? Compartilhe sua percepção com os colegas e o professor.

10 Você acha importante ler resenhas sobre filmes antes de assisti-los? Por quê?

Vamos falar sobre...

Formar uma opinião

O autor de uma resenha deve dominar o assunto sobre o qual está escrevendo para, assim, poder justificar seu ponto de vista, explicar em que suas ideias se baseiam, mesmo quando elas são questionadas. Escrever uma resenha sem bons argumentos pode enfraquecer a opinião do autor.

- Converse com os colegas sobre estas questões.

    a) Ao ouvir ou ler a opinião de alguém sobre um assunto, um livro, um lugar, etc., você reflete sobre os argumentos apresentados antes de concordar com essa opinião ou discordar dela?

    b) Sobre quais assuntos você se sente preparado para discutir? E sobre quais precisaria se informar melhor?

    c) Quais são as possíveis consequências de falar sobre assuntos importantes sem ter conhecimento sobre eles?

Refletindo sobre a língua

1 Sublinhe os verbos deste trecho da resenha de *Viva – a vida é uma festa*.

> O envolvimento é tamanho que, quando os momentos mais emotivos do filme chegam, as lágrimas que surgem na plateia não parecem simplesmente um golpe barato dos roteiristas: elas são naturais, como a vida ou a morte. Leve sua caixa de lencinhos de papel para o cinema e não tenha medo de entrar nessa barca.

a) Com um colega, escreva cada um desses verbos na coluna adequada do quadro abaixo. Siga o modelo.

-AR	-ER	-IR
	ser	

b) Completem o quadro acima com ao menos mais um exemplo em cada coluna.

> As palavras que vocês escreveram no quadro são **verbos no infinitivo**. Dizemos que os verbos estão no infinitivo quando eles estão em sua forma natural, ou seja, sem nenhuma conjugação, e terminam em **-AR**, **-ER**, **-IR** ou **-OR**.

2 Agora, releia este trecho da resenha do livro *Extraordinário*.

> Aceitação. Se **pudesse definir** esse livro "Extraordinário" em uma palavra, essa seria a ideia central do livro. August é um personagem tocante e tenho certeza que essa história baseada em fatos reais emocionará muitos leitores.

a) As palavras destacadas são:

☐ dois verbos.   ☐ dois substantivos.   ☐ um verbo e um substantivo.

b) Juntas, elas expressam:

☐ duas ações.   ☐ uma única ação.

66 UNIDADE 3

Na atividade anterior, **pudesse definir** é uma **locução verbal**.

Na locução verbal, dois ou mais verbos são usados em conjunto para expressar uma única ideia. Um dos verbos desempenha um papel **auxiliar** (**pudesse**, no exemplo que você viu) e o outro, um papel **principal** (**definir**).

3 Releia este trecho e circule um exemplo de locução verbal.

> Só de saber a premissa ou ver o *trailer*, é possível prever alguns acontecimentos, embora algumas surpresas tenham sido guardadas para o final. Entretanto, o ritmo é tão fluido e a maneira de contar histórias [da produtora] é tão mágica que é impossível não se deixar encantar.

4 Observe esta página de um dicionário.

rilhar	643	rissole

ri.lhar *vtd* 1. Roer (objeto duro); 2. trincar; 3. ranger (os dentes).
rim *sm Anat* Cada um dos dois órgãos secretores da urina.
ri.ma *sf* Uniformidade ou repetição de sons no fim de dois ou mais versos.
ri.mar *vtd* 1. Pôr em versos rimados; *vi* 2. formar rima entre si; versejar; *vti* 3. formar rima; *fig* 4. condizer, convir; 5. ser próprio ou decente.
rí.mel *sm* Cosmético próprio para pintar os cílios. *Pl* **rímeis**.
rin.cão *sm* 1. Porção de campo cercado naturalmente por mato; 2. lugar muito abrigado; recanto; 3. região.
rin.char *vi* 1. Soltar rinchos; relinchar; 2. ringir, ranger. Em geral não é usado nas 1ª *pess*; *sm* 3. rincho.
rin.cho *sm* A voz do cavalo; relincho.
rin.gir *vtd* 1. Fazer ranger; rilhar; *vi* 2. ranger. Conjuga-se como **dirigir**.
rin.gue *sm* Tablado cercado de cordas onde se travam lutas esportivas.
ri.nha *sf* 1. Briga de galos; 2. o lugar onde se realizam brigas de galos; 3. peleja.
ri.ni.te *sf Med* Inflamação da mucosa do nariz.
ri.no.ce.ron.te *sm* Grande quadrúpede com um ou dois chifres no focinho.
rin.que *sm* Pista de patinação.
ri.o *sm* 1. Curso de água natural que deságua no mar, num lago ou noutro rio; *fig* 2. o que corre como um rio; 3. grande quantidade (*espec* de líquido); abundância.
ri.o-gran.den.se-do-nor.te *adj 2 gên* 1. Do Estado do Rio Grande do Norte; *s 2 gên* 2. o natural ou habitante desse Estado; potiguar. *Pl* **rio-grandenses-do-norte**.
ri.o-gran.den.se-do-sul *adj 2 gên* 1. Do Estado do Rio Grande do Sul; *s 2 gên* 2. o natural ou habitante desse Estado; gaúcho. *Pl* **rio-grandenses-do-sul**.
ri.pa *sf* 1. Ação de ripar; 2. pedaço de madeira, estreito e comprido; sarrafo.
ri.pa.do *sm* 1. Gradeamento de ripas; 2. pavilhão feito de ripas para abrigar plantas.
ri.par *vtd* 1. Pregar ripas em; 2. serrar, formando ripas; 3. gradear com ripas; *fig* 4. criticar; falar mal de.
ri.pos.tar *vi* 1. Rebater a estocada, na esgrima; *vtd* 2. replicar, retrucar.
ri.que.za (ê) *sf* 1. Qualidade do que é rico; 2. opulência, ostentação, fausto; 3. abundância, fertilidade; 4. magnificência, esplendor; 5. a classe dos ricos.
rir *vi* e *vp* 1. Manifestar o riso; mostrar-se alegre; sorrir; 2. gracejar; escarnecer de; 3. tratar algum assunto por brincadeira; *vti* 4. parecer alegre; 5. escarnecer; zombar; *vtd* 6. emitir riso. *Irreg, pres ind* rio, ris, ri, rimos, rides, riem; *imperf* ria, rias, ria, ríamos, ríeis, riam; *perf* ri, riste, riu, rimos, ristes, riram; *imperat* ri, ride; *pres subj* ria, rias, ria, riamos, riais, riam.
ri.sa.da *sf* 1. Riso, gargalhada; 2. riso simultâneo de muita gente.
ris.ca *sf* 1. Ação ou efeito de riscar; traço; 2. separação dos cabelos penteados; *loc adv* 3. **à risca**: com rigor; ao pé da letra.
ris.ca.do *adj* 1. Que se riscou; *sm* 2. tecido com listras de cor.
ris.car *vtd* 1. Fazer traços ou riscos em; 2. apagar com traços; 3. traçar, marcar; 4. expulsar de uma associação; *vi* 5. perder a amizade, ser excluído das relações de alguém. Conjuga-se como **trancar**.
ris.co *sm* 1. Traço, delineamento, debuxo; 2. perigo ou possibilidade de perigo.
ri.sí.vel *adj 2 gên* 1. Digno de riso; ridículo; *sm* 2. aquilo que faz rir, que é ridículo.
ri.so *sm* 1. Ato ou efeito de rir; 2. alegria; 3. zombaria; 4. coisa ridícula.
ri.so.nho *adj* 1. Alegre, prazenteiro, jovial, satisfeito; 2. agradável.
ri.so.to (ô) *sm* Iguaria feita com arroz cozido, molho de tomate, ervilhas, carne desfiada de frango, ou camarões.
ris.pi.dez (ê) *sf* Qualidade de ríspido.
rís.pi.do *adj* Áspero, severo, intratável.
ris.so.le *sm* Pequeno pastel de massa cozida, passado na farinha de rosca antes de ser frito.

Minidicionário Soares Amora da Língua Portuguesa. São Paulo: Saraiva, 2010.

a) Circule nessa página as entradas de verbetes que são verbos.

b) Nesses verbetes, há a informação de que essas palavras são verbos? Se sim, sublinhe-a.

c) Pinte as duas letras finais desses verbos.

d) O que esses verbos têm em comum? Em que forma eles aparecem no dicionário?

5 Leia o trecho a seguir, que foi extraído de uma resenha do filme *D.P.A.: Detetives do Prédio Azul*.

> **Detetives do Prédio Azul (D.P.A.) – O Filme**
> **Encontro de gerações**
>
> por Francisco Russo
>
> Se o cinema brasileiro tem uma certa tradição em adaptar ícones televisivos, raros são os filmes que não dependem do carisma de alguma personalidade. Nascido em um canal por assinatura, *Detetives do Prédio Azul* tem como proposta natural ser estrelado por crianças-detetives, que desvendam mistérios de todo tipo dentro do ambiente do título. Para uma versão cinematográfica, como de praxe, a ideia era ampliar o leque: mais personagens, mais desafios, mais investimento na produção. Dentro desta fórmula preestabelecida, o grande objetivo era se tornar maior sem perder a essência – e nisto, o longa dirigido por André Pellenz é bem competente. [...]
>
> Disponível em: <www.adorocinema.com/filmes/filme-248905/criticas-adorocinema/>.
> Acesso em: 11 maio 2018. Adaptado.

a) De acordo com a resenha, qual é o objetivo do filme *D.P.A.: Detetives do Prédio Azul*?

b) Observe alguns verbos retirados desse trecho e indique a forma no infinitivo de cada um deles.

tem .... desvendam ....

adaptar .... ampliar ....

dependem .... perder ....

c) Alguns desses verbos já estavam no infinitivo. Quais são eles?

UNIDADE 3

6 Leia a tirinha a seguir.

Bill Watterson. *Calvin e Haroldo*, 1995.

a) Por que Calvin mudou de ideia em relação à borboleta? Troque ideias com os colegas.

b) Observe que nos dois últimos quadrinhos não há texto. Como você narraria o que aconteceu nesses quadrinhos? Complete as frases a seguir considerando o contexto da tirinha.

Dica: Use verbos e escolha o tempo verbal adequado para narrar o que acontece nos quadrinhos.

3º quadrinho: Então, Calvin _____ para a borboleta.

4º quadrinho: Ele _____ a tampa do pote e

_____ a borboleta.

■ Compartilhe suas respostas com os colegas.

c) Em que tempo estão os verbos que você escreveu?

d) Releia o segundo quadrinho e identifique uma locução verbal. Depois, copie-a.

e) Imagine que houvesse um quinto quadrinho nessa tira. Como ele seria? Desenhe esse quadrinho acrescentando um balão de fala em que Calvin utilize algum verbo no infinitivo.

Dica: Utilize uma locução verbal.

Diversão em palavras

1 O que você sabe sobre livros? Localize no diagrama verbos no infinitivo relacionados ao tema.

I	R	O	P	F	O	T	O	G	R	A	F	A	R
N	E	D	L	R	E	C	I	E	D	I	T	A	R
E	V	H	E	S	C	R	E	V	E	R	A	R	Q
K	I	R	R	S	P	I	L	U	S	T	R	A	R
Ç	S	S	C	E	G	H	J	I	A	E	Ç	P	I
L	A	N	Ç	A	R	C	U	I	Z	I	V	A	W
H	R	O	R	T	X	P	U	B	L	I	C	A	R

2 Agora, junte-se a um colega e usem os verbos encontrados no diagrama para completar o quadro a seguir. Observem o modelo.

Verbo	Substantivo
Ler	Leitura

3 Com um colega, observe as imagens e descubra a que ação elas correspondem. Escreva verbos no tempo pretérito (passado), presente e futuro.

Dica: Não se esqueçam de considerar se as ações estão no singular ou no plural.

- Compare suas respostas com as do colega.

4 Pronto para um desafio? Convide outro colega para ver quem consegue escrever mais locuções verbais utilizando os verbos abaixo. Ao final, contem as locuções verbais que cada um conseguiu formar para saber quem se saiu melhor!

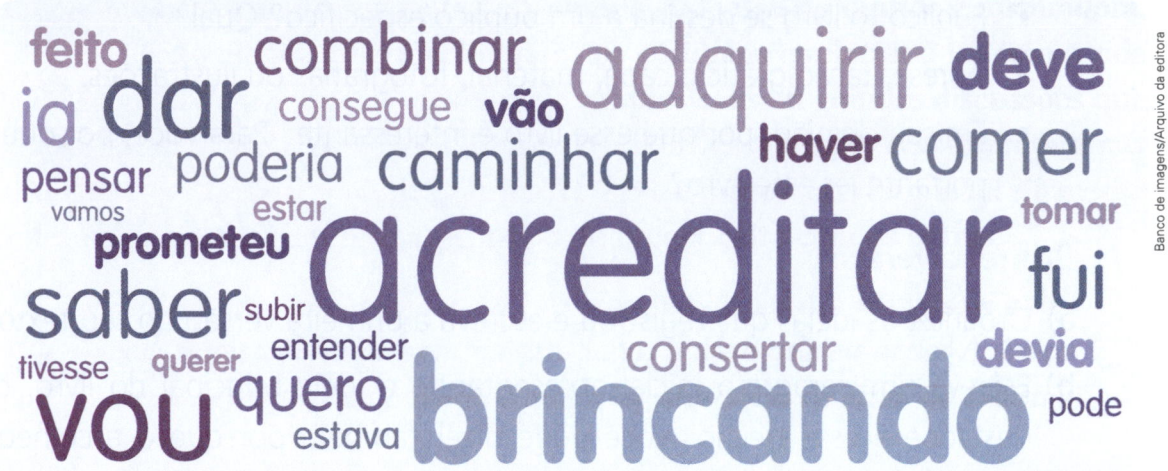

Entre linhas e ideias

Agora, você vai escrever uma resenha literária sobre um livro que você leu. Seu texto pode fazer parte de uma coletânea de resenhas da turma e ficar disponível na biblioteca da escola ou ser postado no *site* ou no blogue da escola. Para começar, escolha o livro sobre o qual você vai escrever a resenha.

1. **Planejamento**

    a) Pense em um livro do qual gostou e por que gostaria de compartilhar suas impressões sobre ele com os colegas e outros leitores.

    b) Para planejar a escrita de sua resenha literária, pense em alguns aspectos do livro que você acha importante comentar. Siga este roteiro e registre suas ideias em uma folha à parte.

    - Identificação: título do livro, autor, editora e ano de publicação.
    - Informações sobre o autor: quando e onde nasceu, outros livros que já escreveu.
    - Resumo do livro: qual é o assunto do livro? Que história ele conta?
    - Organização da obra: o livro é organizado em partes, capítulos? O livro é curto ou extenso?
    - Linguagem: o livro é fácil de ler? O vocabulário é simples?
    - Contribuição da obra: ideias e reflexões que o livro traz para o leitor.
    - Público: o livro se destina a um público específico? Qual?
    - Apresentação gráfica: capa, material, fotografias ou ilustrações.
    - Em sua opinião, por que esse livro é interessante? Para você, por que é importante ler esse livro?

2. **Primeira versão**

    a) Organize as ideias que registrou e escreva a primeira versão do seu texto.

    b) Escreva um parágrafo inicial apresentando a ideia principal do livro, dando destaque a esse trecho. Você pode dizer também por que o escolheu para escrever a resenha.

    c) Organize os demais parágrafos de acordo com os assuntos tratados.

    d) Não se esqueça de usar um tipo de letra diferente se for citar trechos do livro. Use também algum destaque sempre que citar o título do livro.

    e) Dê um título para sua resenha.

3. **Revisão**

 a) Troque seu texto com o de um colega. Você vai fazer uma avaliação da resenha dele e ele, da sua. Considerem os seguintes aspectos.

- O primeiro parágrafo apresenta a ideia central do livro?
- São apresentados os dados da obra e do autor?
- O texto apresenta o assunto do livro ou a história que ele conta?
- Há informações sobre a organização e a linguagem do livro?
- Foi apresentado o público ao qual o livro se destina?
- Há comentários sobre a capa e outros elementos gráficos, como ilustração e fotografias?
- O texto do autor da resenha e os trechos citados estão diferenciados?
- O texto apresenta uma opinião pessoal sobre a obra?

b) Dê sugestões para melhorar o texto do colega e ouça as sugestões que ele fizer para você melhorar o seu.

c) Faça você também uma revisão do seu texto considerando os mesmos aspectos relacionados no quadro acima. Peça ajuda ao professor em caso de dúvidas.

4. **Versão final**

a) Reescreva o texto em uma folha à parte fazendo as alterações necessárias de acordo com as sugestões do colega e a sua revisão.

b) Se possível, combine com o professor um momento para digitar e editar o texto produzido. Você pode fazer um desenho ou reproduzir a capa do livro ou alguma ilustração dele.

 c) Reúnam os textos da turma e, com a ajuda do professor, organizem um livro com todas as resenhas. Elaborem a capa, numerem as páginas e montem o sumário. O livro poderá ser doado para a biblioteca da escola.

d) As resenhas também podem ser publicadas no mural, no *site* ou no blogue da escola mediante autorização da coordenação e dos familiares.

Praticando a fala e a escuta

Você vai apresentar oralmente para a turma a resenha que escreveu na seção **Entre linhas e ideias**. Seu objetivo é despertar o interesse dos ouvintes pelo livro sobre o qual você vai falar. A exposição de argumentos deve ser o ponto principal de sua fala.

1. **Planejamento**

    a) Releia com atenção o texto que você escreveu. Verifique se acrescentaria informações ou argumentos para justificar sua opinião.

    b) Se possível, assista ou ouça a alguns programas em que jornalistas, professores, críticos, etc. apresentam resenhas. Observe a linguagem utilizada por eles.

2. **Ensaio**

    - Ensaie algumas vezes sua fala, apresentando suas ideias para as pessoas que moram com você. Se for possível, grave sua apresentação e ouça-a várias vezes para verificar se sua fala está clara e bem articulada.

3. **Apresentação**

    a) Se possível, leve o livro sobre o qual você vai falar para mostrar aos colegas. Você também pode selecionar alguns trechos do livro para ler.

    b) Durante a apresentação, use tom de voz adequado para que todos possam ouvir sua fala; varie a entonação em pontos que você considera importantes; mantenha uma postura corporal ativa e olhe para o público.

4. **Avaliação**

    a) Avalie as apresentações considerando os itens do quadro.

    - A resenha ficou interessante ao ser apresentada oralmente?
    - O tema do livro sobre o qual se falou ficou claro?
    - O tom e a entonação utilizados foram adequados?
    - Os argumentos apresentados foram convincentes?

    b) Reúna-se com os colegas e o professor. Conversem sobre estas questões: De qual apresentação você mais gostou? Por quê? E qual delas despertou mais sua curiosidade sobre o livro apresentado?

Autoavaliação

Como foi seu aprendizado nesta Unidade? Reflita sobre estas perguntas. Depois, marque um **X** na opção que melhor representa seu desempenho.

1. Eu sei ler e interpretar resenhas?			
2. Eu identifico o significado de alguns prefixos e sei formar palavras com eles?			
3. Eu reconheço verbos no infinitivo?			
4. Eu sei localizar verbos no dicionário?			
5. Eu reconheço uma locução verbal?			
6. Eu sei escrever uma resenha literária?			
7. Eu consigo apresentar uma resenha oral?			

Sugestão

 Para acessar

- <www1.folha.uol.com.br/folhinha/>.
Acesso em: 11 maio 2018.

No *site* da **folhinha**, que é um caderno do jornal *Folha de S.Paulo* destinado às crianças, você poderá ler resenhas sobre diversos livros e descobrir muitas curiosidades sobre a literatura infanto-juvenil. Há inclusive resenhas literárias escritas por crianças como você!

UNIDADE

4 Em pé de igualdade!

Nesta Unidade, você vai:

- Ler e compreender uma declaração.
- Identificar e empregar artigos definidos e indefinidos.
- Reconhecer e utilizar palavras primitivas e derivadas.
- Adaptar trecho de uma declaração.
- Identificar o significado que os prefixos **-im/-in** acrescentam às palavras.
- Identificar o significado que os sufixos **-inho/-inha** acrescentam às palavras.
- Refletir sobre o uso das letras **S** e **SS**.
- Participar de um diálogo argumentativo.

Observe a imagem ao lado e converse com os colegas e o professor sobre as questões a seguir.

1. O que a imagem mostra?

2. O que significa a expressão **em pé de igualdade**, que dá título à Unidade?

   a) Como você relaciona esse título à imagem?

   b) Em sua opinião, a imagem representa bem a expressão **em pé de igualdade**? Justifique.

   c) De que maneira as pessoas podem viver em pé de igualdade?

Declaração

■ Reúna-se com alguns colegas e observem estas imagens. Depois, conversem sobre as questões a seguir.

Menino engraxando sapatos.

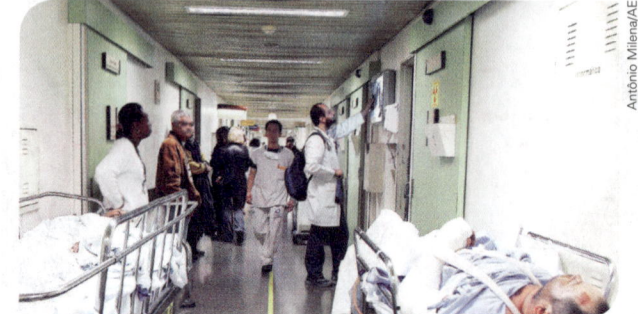

Pacientes aguardando atendimento no corredor de um pronto-socorro.

a) Nas situações retratadas nessas imagens, alguns direitos das pessoas estão sendo desrespeitados. Que direitos são esses?

b) Vocês acham que as situações retratadas nessas imagens são vividas por todos? Elas seriam exemplos de igualdade ou de desigualdade de direitos entre as pessoas? Por quê?

c) Vocês sabem quais são os direitos de todos os seres humanos? Conhecem algum documento ou alguma lei que os apresente?

Em 1948, depois da Segunda Guerra Mundial, representantes de diversos países se reuniram em Genebra, na Suíça, e firmaram uma declaração que estabelece os direitos e deveres comuns a todos os seres humanos, a Declaração Universal dos Direitos Humanos.

A seguir, você vai ler um trecho de uma adaptação desse documento feita por Ruth Rocha e Otávio Roth para crianças e jovens.

A premiada escritora de livros infantis **Ruth Rocha** (São Paulo, 1931-) tem mais de 200 obras publicadas, e *Marcelo, Marmelo, Martelo* é uma das mais famosas.

O paulista **Otávio Roth** (1952-1993) recebeu diversos prêmios como escritor e ilustrador de livros infantojuvenis.

Conhecendo o texto

Declaração Universal dos Direitos Humanos

Um dia, uma porção de pessoas se reuniram.

Elas vinham de lugares diferentes e eram, elas mesmas, diferentes entre si.

Havia homens e mulheres; suas peles, seus cabelos e seus olhos tinham cores diferentes, assim como diferentes eram o formato de seus corpos e de seus rostos.

Vinham de países ricos e pobres, de lugares quentes ou frios. Vinham de reinados e de repúblicas.

Falavam muitas línguas. Acreditavam em diferentes deuses.

[...]

Então elas escreveram um papel.

Neste documento elas fizeram um resumo dos direitos que todos os humanos têm e que devem ser respeitados por todos os povos.

Este documento é chamado Declaração Universal dos Direitos Humanos e diz mais ou menos o seguinte:

Capa do livro *Declaração Universal dos Direitos Humanos*. São Paulo: Salamandra, 2014.

Todos os homens nascem livres.

Todos os homens nascem iguais e têm, portanto, os mesmos direitos. Todos têm inteligência e compreendem o que se passa ao seu redor.

Todos devem agir como se fossem irmãos.

Não importa qual seja a raça de cada um; tampouco importa que seja homem ou mulher; não importa ainda sua língua, religião, opinião política, país ou a família de que ele venha.

Não importa que ele seja rico ou pobre, nem que o país de onde ele venha seja uma república ou um reinado.

Estes direitos devem ser gozados por todos.

Todas as pessoas têm direito à vida, à liberdade e à segurança pessoal.

Ninguém pode ser escravo de ninguém.

Não se pode maltratar as pessoas ou castigá-las de maneira cruel ou humilhante.

As leis devem ser iguais para todos e devem proteger todas as pessoas.

Todos os homens têm o direito de receber a proteção dos tribunais para que seus direitos não sejam contrariados.

Não se pode prender as pessoas ou mandá-las embora de seu país a não ser por motivos muito graves.

Todo homem tem o direito de ser julgado por um tribunal justo quando é acusado de alguma falta.

[...]

Toda pessoa tem o direito de se movimentar dentro das fronteiras de seu país. E tem o direito de sair e voltar ao seu país.

Ninguém deve ser privado de sua nacionalidade.

Quer dizer, toda pessoa tem o direito de pertencer a alguma nação. E tem o direito de trocar de nacionalidade por sua vontade.

[...]

Há muitos anos esta declaração foi aprovada, mas ainda existem países que não obedecem a este documento.

Para que isto aconteça, é preciso que todos aprendam nas escolas de todo o mundo o conteúdo desta Declaração.

Ruth Rocha e Otávio Roth. *Declaração Universal dos Direitos Humanos*. São Paulo: Salamandra, 2014.

Interpretação, linguagem e construção do texto

1 Sublinhe o trecho do texto em que se afirma que a Declaração Universal dos Direitos Humanos foi escrita por pessoas de diferentes lugares.

2 Que elementos Ruth Rocha e Otávio Roth destacam para indicar a diferença no aspecto físico dessas pessoas? Circule-os.

3 De acordo com o texto, qual é o primeiro direito da Declaração Universal dos Direitos Humanos?

- Esse direito sempre foi respeitado? Explique.

4 Releia este trecho.

> Todos os **homens** nascem iguais e têm, portanto, os mesmos direitos.

- Nesse contexto, a palavra **homens** se refere:

    ☐ apenas a pessoas do sexo masculino.

    ☐ a todos os seres humanos.

    ☐ apenas a pessoas adultas.

5 Embora a Declaração Universal dos Direitos Humanos tenha sido assinada há muito tempo, ela é respeitada por todos?

- Qual é a proposta de Ruth Rocha e Otávio Roth para que o documento seja respeitado? Você considera essa uma boa proposta? Por quê?

6 Releia o texto e dê um exemplo de situação do seu cotidiano em que você considere que um direito presente na Declaração está sendo respeitado.

- Em sua opinião, o que podemos fazer para garantir nossos direitos, caso eles não sejam respeitados? Converse com os colegas e o professor.

7 Para você, que direitos não podem faltar em uma declaração como essa?

8 Agora, leia estes artigos do texto original da Declaração Universal dos Direitos Humanos.

Artigo XXV-2. A maternidade e a infância têm direito a cuidados e assistência especiais. Todas as crianças nascidas dentro ou fora do matrimônio gozarão da mesma proteção social.

Artigo XXVI-1. Todo ser humano tem direito à instrução, que será gratuita, pelo menos nos graus elementares e fundamentais. A instrução elementar será obrigatória e a técnico-profissional será acessível a todos, bem como a instrução superior, esta baseada no mérito.

■ Dê exemplos de situações do seu dia a dia em que você acha que esses artigos estão sendo respeitados.

_____

_____

9 Reúna-se com dois colegas e respondam a estas questões.

a) O texto de Ruth Rocha e Otávio Roth que você leu apresenta um acontecimento e um documento reais ou imaginários?

b) Ele foi escrito para quem e com que objetivo?

_____

_____

c) Quais são as semelhanças e as diferenças entre esse texto e os textos literários que narram aventuras, escritos por autores como Ruth Rocha e Otávio Roth?

82 UNIDADE 4

Refletindo sobre a língua

1 Releia este trecho do texto de Ruth Rocha e Otávio Roth.

> Um dia, uma porção de pessoas se reuniram.
> Elas vinham de lugares diferentes e eram, elas mesmas, diferentes entre si.

a) É possível saber exatamente:
- o dia em que as pessoas se reuniram para assinar a declaração?
- quem eram essas pessoas, seus nomes ou profissões, por exemplo?

b) As palavras **dia** e **porção** que foram usadas nesse trecho são:

☐ substantivos. ☐ adjetivos. ☐ verbos.

c) Que palavras aparecem no texto imediatamente antes de **dia** e de **porção**?

dia: _____   porção: _____

2 Releia este outro trecho do texto.

> Toda pessoa tem o direito de se movimentar dentro das fronteiras de seu país. E tem o direito de sair e voltar ao seu país.

a) O que esse trecho informa?

☐ Que todas as pessoas têm alguns direitos, mas sem especificar quais são eles.

☐ Que todas as pessoas têm dois direitos específicos: o direito de se movimentar dentro de seu país e o direito de sair e voltar ao próprio país.

b) Observe as duas vezes em que o substantivo **direito** é usado. Que palavra aparece antes dele?

_____

As palavras **um**, **uma** e **o** que você escreveu nas atividades anteriores são **artigos**.

Os artigos **o**, **a**, **os** e **as** particularizam os substantivos e são chamados de **artigos definidos**. Já os artigos **um**, **uma**, **uns** e **umas** generalizam os substantivos e são chamados de **artigos indefinidos**.

3 Faça o que se pede.

a) Escreva **um** nome de professor. _____

b) Escreva **o** nome do professor. _____

c) Compare suas respostas com as dos colegas. Quais ficaram iguais e quais ficaram diferentes? Por que vocês acham que isso aconteceu?

4 Indique o gênero e o número de cada artigo e substantivo. Siga o exemplo.

M = masculino   F = feminino   S = singular   P = plural

um dia → M S | M S

uma porção → ☐ | ☐

os direitos → ☐ | ☐

- Os artigos têm o mesmo gênero e número dos substantivos que acompanham?

> Os artigos, definidos ou indefinidos, indicam o gênero e o número do substantivo que acompanham.

5 Circule os artigos e sublinhe os substantivos a que eles se relacionam.

a) O cartaz sobre os direitos humanos ficou muito bom!

b) Falei com a turma sobre o trabalho infantil.

c) As crianças participaram de um encontro sobre saúde escolar.

d) Não importa se uma pessoa é rica ou pobre, ela deve ser respeitada.

Bloco de notas

Artigo definido e artigo indefinido

- Escreva uma frase com um artigo definido e outra com um artigo indefinido em que fique clara a diferença de uso entre eles.

6. Que tal usar a criatividade?

a) Reúna-se com um colega e imaginem pelo menos três situações para cada cena abaixo.

b) Escrevam frases para representar as situações que imaginaram. Mas atenção: cada frase deve ter um artigo diferente, às vezes determinando os substantivos, às vezes generalizando-os! Observe o exemplo.

1. A menina está sorrindo porque a professora cantou uma cantiga.
2. Uma menina sorrindo é sinal de alegria.
3.

1.
2.
3.

Vamos falar sobre...

Moradia

Ao estudar a Declaração Universal dos Direitos Humanos, vimos que todas as pessoas devem ter seus direitos respeitados. Mas será que isso acontece?

No parágrafo 1 do Artigo 25 da Declaração, por exemplo, afirma-se que, além de direitos como alimentação e cuidados médicos, todo ser humano tem direito à moradia.

- Agora, reúna-se com os colegas e o professor e conversem sobre estas questões.

    a) Vocês conhecem alguém que não tenha moradia? Já viram alguém morando nas ruas?

    b) Que tipo de dificuldade as pessoas sem moradia vivenciam? Como essas dificuldades poderiam ser evitadas ou, ao menos, minimizadas?

    c) Se todos os seres humanos têm direito à propriedade, por que essas pessoas vivem nessa situação? Vocês consideram que os direitos delas estão sendo respeitados?

    d) O que vocês imaginam que poderia ser feito para mudar a situação da falta de moradia?

Refletindo sobre a língua

1 Procurem no dicionário o significado dos adjetivos **primitivo** e **derivado**. Anotem abaixo a principal ideia dessas palavras de maneira simplificada.

primitivo: _____

derivado: _____

- As palavras podem ser classificadas como **primitivas** ou **derivadas**. Pensando nisso, respondam: Qual das palavras abaixo é primitiva e qual é derivada?

    declarar _____

    declaração _____

2 Releia este trecho do texto de Ruth Rocha e Otávio Roth.

> Não importa que ele seja **rico** ou **pobre**, nem que o país de onde ele venha seja uma **república** ou um **reinado**.

a) Organize no quadro as palavras destacadas no texto.

Palavras primitivas	Palavras derivadas

b) Agora, escreva uma palavra derivada para as que são primitivas e a palavra primitiva das que são derivadas.

rico _____   república _____

pobre _____   reinado _____

3 Observe algumas palavras primitivas e suas derivadas.

a) casa → casinha   caseira   casebre   casarão

- Nessas palavras, a letra **S** representa o mesmo som que a letra **Z**, como em **azedo**. Sabendo que a palavra **casa** se escreve com **S**, o que podemos concluir sobre o uso de **S** ou **Z** em palavras como **casarão**, por exemplo? Converse com um colega.

b) **laço** → laçarote   laçada   lacinho   laçador

- As letras **SS** e **Ç** representam o mesmo som. Saber que a palavra **laço** é escrita com **Ç** ajuda a resolver dúvidas sobre o uso de **Ç** ou **SS** em palavras que derivam dela?

- Em uma das palavras derivadas de **laço** não se usou **Ç**. Que palavra é essa e por que nela não se usou **Ç**?

> A palavra que dá origem a outra é chamada de **primitiva**, e a palavra que se forma a partir dela é chamada de **derivada**.
> Conhecer as palavras primitivas e suas derivadas pode nos ajudar a refletir sobre o modo como elas são escritas.

4 Reúna-se com alguns colegas e escrevam o maior número possível de palavras derivadas dos substantivos primitivos a seguir.

a) carro

b) flor

c) chuva

5 Observe os grupos de palavras abaixo.

a) caneta → canetinha   doce → docinho   pé → pezinho

- Circule a parte acrescentada nas palavras primitivas para formar as derivadas.
- Que significado esse acréscimo trouxe às palavras?

b) possível → impossível   direta → indireta   certo → incerto

- Circule a parte que foi acrescentada nessas palavras primitivas.
- Que significado esse acréscimo trouxe às palavras?

- Nessas palavras, o que determina o uso de **im-** ou **in-**?

6 Escreva os substantivos primitivos correspondentes às palavras derivadas indicadas a seguir.

macieira .... romancista ....

fruteira .... sapateira ....

juizado .... papelaria ....

7 Complete as frases abaixo com os substantivos primitivos que as imagens representam.

A .... é o fruto da laranjeira.

Pirulito, o ...., faz muitas palhaçadas.

8 Releia com um colega mais um trecho do texto de Ruth Rocha e Otávio Roth.

> Havia homens e mulheres; suas peles, seus cabelos e seus olhos tinham cores diferentes, assim como diferentes eram o formato de seus corpos e de seus rostos.

a) Sublinhem os substantivos desse trecho.

b) Qual desses substantivos é uma palavra derivada?

....

c) Falem duas palavras derivadas para cada substantivo que vocês sublinharam.

Bloco de notas

Palavras primitivas e derivadas

- Registre o significado de **palavra primitiva** e de **palavra derivada**. Complemente com exemplos.

UNIDADE 4

Entre linhas e ideias

Você já ouviu falar no Estatuto da Criança e do Adolescente (ECA)?

O ECA é um documento que regulamenta os direitos da criança e do adolescente brasileiros. Esse estatuto colabora para que a família, a sociedade e o Estado garantam os direitos de todas as crianças e de todos os adolescentes.

Ele é composto de 267 artigos em que são abordados temas como saúde, educação, alimentação, lazer, cultura, liberdade, convivência, entre outros.

Leia, com a orientação do professor, alguns artigos que compõem o ECA.

Art. 2º Considera-se criança, para os efeitos desta Lei, a pessoa até doze anos de idade incompletos, e adolescente aquela entre doze e dezoito anos de idade.

Art. 3º A criança e o adolescente gozam de todos os direitos fundamentais inerentes à pessoa humana, sem prejuízo da proteção integral de que trata esta Lei, assegurando-se-lhes, por lei ou por outros meios, todas as oportunidades e facilidades, a fim de lhes facultar o desenvolvimento físico, mental, moral, espiritual e social, em condições de liberdade e de dignidade.

Parágrafo único. Os direitos enunciados nesta Lei aplicam-se a todas as crianças e adolescentes, sem discriminação de nascimento, situação familiar, idade, sexo, raça, etnia ou cor, religião ou crença, deficiência, condição pessoal de desenvolvimento e aprendizagem, condição econômica, ambiente social, região e local de moradia ou outra condição que diferencie as pessoas, as famílias ou a comunidade em que vivem.

Art. 4º É dever da família, da comunidade, da sociedade em geral e do poder público assegurar, com absoluta prioridade, a efetivação dos direitos referentes à vida, à saúde, à alimentação, à educação, ao esporte, ao lazer, à profissionalização, à cultura, à dignidade, ao respeito, à liberdade e à convivência familiar e comunitária.

[...]

Art. 16. O direito à liberdade compreende os seguintes aspectos:

I – ir, vir e estar nos logradouros públicos e espaços comunitários, ressalvadas as restrições legais;

II – opinião e expressão;

III – crença e culto religioso;

IV – brincar, praticar esportes e divertir-se;

V – participar da vida familiar e comunitária, sem discriminação;

VI – participar da vida política, na forma da lei;

VII – buscar refúgio, auxílio e orientação.

Art. 18-A. A criança e o adolescente têm o direito de ser educados e cuidados sem o uso de castigo físico ou de tratamento cruel ou degradante, como formas de correção, disciplina, educação ou qualquer outro pretexto, pelos pais, pelos integrantes da família ampliada, pelos responsáveis, pelos agentes públicos executores de medidas socioeducativas ou por qualquer pessoa encarregada de cuidar deles, tratá-los, educá-los ou protegê-los.

Disponível em: <www.planalto.gov.br/ccivil_03/leis/L8069Compilado.htm>. Acesso em: 15 maio 2018.

Você leu anteriormente uma adaptação da Declaração Universal dos Direitos Humanos que Ruth Rocha e Otávio Roth fizeram.

Compare, agora, o texto original do Artigo 1º desse documento com o texto escrito pelos autores.

Texto original da Declaração dos Direitos Humanos	Texto adaptado pelos autores
Todos os seres humanos nascem livres e iguais em dignidade e direitos. São dotados de razão e consciência e devem agir em relação uns aos outros com espírito de fraternidade. Disponível em: <http://unesdoc.unesco.org/images/0013/001394/139423por.pdf>. Acesso em: 15 maio 2018.	Todos os homens nascem livres. Todos os homens nascem iguais e têm, portanto, os mesmos direitos. Todos têm inteligência e compreendem o que se passa ao seu redor. Todos devem agir como se fossem irmãos. Ruth Rocha e Otávio Roth. *Declaração Universal dos Direitos Humanos*. São Paulo: Salamandra, 2014.

Você e seus colegas, com a ajuda do professor, farão o mesmo com alguns artigos do ECA, para que todos os alunos da escola possam ter acesso a eles e compreender com mais facilidade seu conteúdo. Para isso, sigam as orientações.

1. **Planejamento**
   a) Pensem no público que irá ler essa adaptação (alunos de sua escola).
   b) Façam uma breve pesquisa sobre o ECA e organizem as principais ideias pesquisadas em uma lista de frases. Copiem a referência (fonte) de onde vocês retiraram as informações.
   c) Escolham alguns dos artigos apresentados nesta seção para serem adaptados.
   d) Pesquisem algumas imagens que retratem o conteúdo de alguns dos artigos que vocês escolheram.
   e) As leis podem trazer algumas palavras desconhecidas para quem não tem familiaridade com esses textos. Tentem entender o significado delas pelo contexto. Se necessário, utilizem o dicionário.

2. **Primeira versão**

    a) Com base na pesquisa que fizeram, escrevam um parágrafo apresentando o documento.

    b) Leiam novamente os artigos que escolheram e escrevam o conteúdo com suas próprias palavras. Lembrem-se de organizar o texto em tópicos para que ele fique mais claro.

    c) Utilizem uma linguagem clara e objetiva. Lembrem-se de que vocês estão escrevendo para que os alunos de sua escola possam conhecer melhor esses artigos.

    d) Escolham quais imagens pesquisadas vocês vão usar ou façam o esboço de ilustrações referentes aos artigos escolhidos.

    e) Escrevam um parágrafo para concluir o texto, explicando o que vocês acham que deveria ser feito para garantir que o ECA seja respeitado.

    f) Escrevam um título para o texto.

3. **Revisão**

    ■ Troquem de texto com outro grupo e analisem o texto deles de acordo com o quadro a seguir. Façam anotações na própria folha.

    - O texto foi escrito pensando em quem serão os leitores?
    - O primeiro parágrafo apresenta o documento?
    - Os artigos foram escritos com linguagem clara e objetiva, eliminando termos difíceis e típicos das leis?
    - O último parágrafo conclui o texto, propondo alternativas para garantir que os direitos das crianças e dos adolescentes sejam respeitados?
    - A pontuação e a ortografia estão adequadas?
    - As imagens que ilustram o texto estão adequadas ao conteúdo?

4. **Versão final**

    a) Conversem com os colegas de seu grupo sobre as anotações e sugestões feitas pelo grupo que leu o texto de vocês. Considerem o que acharem adequado e passem o texto a limpo em uma folha de cartolina, destacando o título e caprichando na letra.

    b) Afixem o cartaz no mural da escola.

    c) Verifiquem com o professor a possibilidade de apresentar e explicar o cartaz aos alunos de outros anos.

Descobertas sobre a escrita

1 Reescreva estas palavras, completando-as com **S** ou **SS**. Consulte o dicionário, se for necessário.

aniver●ário

depre●a

no●a

bal●a

impre●ora

profe●or

can●ado

man●o

respon●ável

conver●a

nece●ário

univer●o

a) Você usou **SS** depois de vogal ou de consoante? _____

b) Você usou **S** depois de vogal ou de consoante? _____

c) Que dica você daria a um colega sobre o uso das letras **S** ou **SS** depois de vogais ou de consoantes para representar o som de **SS**?

_____

_____

2 Escreva a palavra correspondente a cada imagem.

Dica: Todas as palavras têm **S** ou **SS**.

Diversão em palavras

1 Que tal um desafio de ortografia?

a) Forme dupla com um colega.

b) Cada integrante da dupla escolhe um grupo de palavras a seguir e completa as palavras com a letra que está faltando.

c) Se necessário, consultem o dicionário.

açúcar	a_____ucareiro	a_____ucarado	a_____ucarar
doce	do_____eiro	do_____inho	do_____eria
exame	e_____aminando	e_____aminador	e_____aminar
amasso	ama_____ador	ama_____amento	ama_____ado
exemplo	e_____emplar	e_____emplificação	e_____emplário
farsa	far_____ada	far_____alhão	far_____ante
dança	dan_____arino	dan_____ador	dan_____ante
progresso	progre_____ividade	progre_____ivo	progre_____ão

d) Organizem-se para o desafio: um integrante da dupla pergunta ao outro com que letra cada uma das palavras da sua lista é escrita. Vamos ver qual aluno acerta a grafia de mais palavras?

S Ç C X S Ç SS

2 **Hora de exercitar a memória!**

a) Leiam e observem por algum tempo as palavras que o professor vai escrever na lousa. Elas serão apagadas em instantes.

b) Escreva abaixo o máximo de palavras que você conseguir lembrar, organizando-as no quadro.

c) Quem lembrou mais palavras?

Palavras escritas com S	Palavras escritas com SS

3 Com um colega, leiam as pistas e descubram as respostas.

Dica: As respostas são escritas com **S**, **SS**, **C**, **Ç** ou **X**.

a) Transporte flutuante, preso a um cabo, que faz a travessia de veículos ou de pessoas em rios onde não há ponte. (5 letras) _____

b) Conjunto de tropas que entram em um combate. (8 letras) _____

c) Aumentar a velocidade ou o movimento de algo. (8 letras) _____

d) Doce de amendoim socado com açúcar e farinha. (6 letras) _____

e) Obrigação que se assume, comprometimento. (11 letras) _____

f) Núcleo de alguns frutos (como ameixa, azeitona, manga, etc.), formado por uma camada lenhosa que envolve a semente. (6 letras) _____

Praticando a fala e a escuta

Você e um colega vão participar de um diálogo argumentativo. Para isso, ouçam o professor e sigam as orientações.

1. **Planejamento**

    a) Reúna-se com um colega e observem estas fotografias.

    Fotografia 1

    Crianças jogando futebol.

    Fotografia 2

    Crianças andando de *skate*.

    b) Vocês devem assumir posição a favor ou contrária ao tema das fotos: Meninos e meninas podem jogar futebol e brincar de *skate* juntos? As perguntas dos quadros podem ajudá-los na construção dos argumentos.

    > **Fotografia 1**
    > - O que a fotografia retrata?
    > - O que você acha dessa brincadeira?
    > - O que você acha de meninos e meninas jogarem futebol juntos? Por quê?

    > **Fotografia 2**
    > - O que a fotografia retrata?
    > - O que você acha dessa brincadeira?
    > - O que você acha de meninos e meninas andarem de *skate* juntos? Por quê?

2. **Apresentação**

   a) Um de vocês pode iniciar a discussão respondendo às questões propostas nos quadros ou da seguinte forma: "Eu concordo que meninos e meninas joguem futebol e brinquem de *skate* juntos porque..."; "Eu não concordo que meninos e meninas joguem futebol e brinquem de *skate* juntos porque...".

   b) Aquele que iniciar a discussão pode se posicionar a favor ou contra o tema abordado nas fotografias. Depois, o colega deve assumir a posição oposta, e vocês comparam os argumentos.

   c) Se for possível, durante o diálogo argumentativo, tentem fazer anotações ou gravar a conversa com um celular.

   d) Respeitem o momento de fala do colega, para que ambos possam ouvir os argumentos apresentados, aceitá-los ou questioná-los.

   e) Usem a linguagem formal, isto é, uma linguagem sem gírias e expressões coloquiais.

   f) Para expor argumentos, contra o tema proposto ou a favor dele, vocês podem utilizar expressões como:

   > Na minha opinião...
   >
   > Discordo de...
   >
   > Acredito que...
   >
   > Concordo com...
   >
   > Entendo que...
   >
   > Penso que...

3. **Avaliação**

   a) Ao final do diálogo argumentativo, observem as anotações ou escutem a gravação com o professor e avaliem a discussão com base nos itens apresentados no quadro a seguir.

   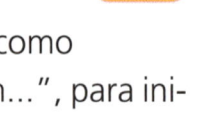

   - Houve posicionamentos favoráveis e contrários ao tema?
   - Foram utilizadas algumas das expressões sugeridas, como "Na minha opinião...", "Discordo de...", "Concordo com...", para iniciar os argumentos sobre o tema?
   - A linguagem utilizada foi formal, sem gírias ou expressões coloquiais?
   - Ambos respeitaram o momento de fala do colega?

   b) Guardem suas anotações ou a gravação de áudio para participar de um debate no **Trabalho em equipe** após a Unidade 5.

Autoavaliação

Como foi seu aprendizado nesta Unidade? Reflita sobre estas perguntas. Depois, marque um **X** na opção que melhor representa seu desempenho.

1. Eu compreendo uma declaração?			
2. Eu identifico e emprego artigos definidos e indefinidos?			
3. Eu reconheço e utilizo palavras primitivas e derivadas?			
4. Eu consigo adaptar um trecho de uma declaração?			
5. Eu identifico o significado que os prefixos **-im/-in** acrescentam às palavras?			
6. Eu identifico o significado que os sufixos **-inho/-inha** acrescentam às palavras?			
7. Eu sei escrever palavras com as letras **S** e **SS**?			
8. Eu sei participar de um diálogo argumentativo?			

Sugestões

 Para ler

- *O que fazer? – Falando de convivência*, de Liliana e Michele Iacocca. São Paulo: Ática, 2010.

  Nesse livro, você encontra reflexões sobre honestidade, liberdade e os princípios para construir uma sociedade mais justa.

Ser humano é... – Declaração Universal dos Direitos Humanos para crianças, de Fábio Sgroi. São Paulo: Mundo Mirim, 2009.

Nesse livro, as crianças conhecem de um jeito muito legal os direitos que as pessoas têm para viver em paz e felizes.

Conectando saberes

Temos direitos iguais?

Está na Declaração de Direitos Humanos que somos todos iguais e, portanto, temos os mesmos direitos. Porém, nem sempre as pessoas são tratadas da mesma maneira ou têm os seus direitos respeitados.

Observe o gráfico a seguir e compare a renda média mensal de homens e mulheres, brancos e negros, em 2015, no Brasil.

Fonte: Instituto de Pesquisa Econômica Aplicada (IPEA). Disponível em: <www.ipea.gov.br/portal/images/stories/PDFs/170306_apresentacao_retrato.pdf>. Acesso em: 12 out. 2017.

1 Com um colega, escreva quanto cada pessoa ganhou em média, por mês, em 2015 e calcule a diferença de ganho entre elas. Use uma calculadora.

a) Homem branco e homem negro: ....

b) Mulher branca e mulher negra: ....

c) Homem branco e mulher branca: ....

d) Homem negro e mulher negra: ....

■ De acordo com o gráfico, quem ganhou menos nesse período?

....

2. Com os colegas e o professor, reflita sobre possíveis causas para a desigualdade de salários que você observou no gráfico. Em seguida, conversem sobre medidas que ajudariam a acabar com essas diferenças.

A diferença salarial é apenas um exemplo que ilustra a desigualdade de direitos. Na verdade, a desigualdade acontece de diferentes maneiras e em diversos ambientes. Ela pode estar até mesmo dentro da nossa casa!

Observe a imagem a seguir, que apresenta o resultado de uma pesquisa feita com meninas e meninos brasileiros entre 6 e 14 anos.

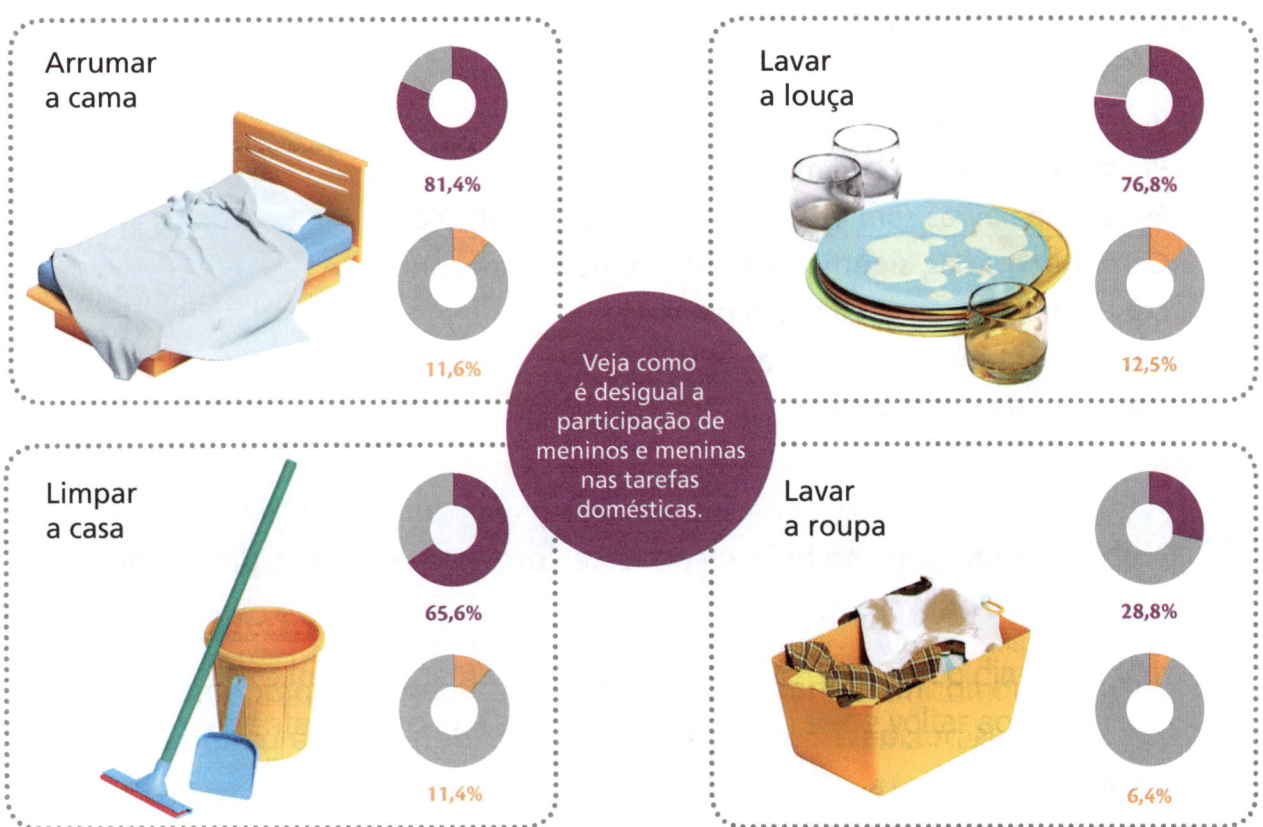

Distribuição de tarefas entre meninos e meninas

Arrumar a cama: 81,4% / 11,6%

Lavar a louça: 76,8% / 12,5%

Limpar a casa: 65,6% / 11,4%

Lavar a roupa: 28,8% / 6,4%

Veja como é desigual a participação de meninos e meninas nas tarefas domésticas.

Fonte: Plan Internacional Brasil. Por ser menina no Brasil [Resumo executivo]: crescendo entre direitos e violências. Dados coletados em 2013.

3. Nas casas que você frequenta, o trabalho doméstico é dividido de modo justo? Explique seu ponto de vista.

4. Converse com os colegas sobre as questões a seguir.

   a) De acordo com a pesquisa, quem realiza mais trabalhos domésticos: meninas ou meninos? A diferença entre eles é grande?

   b) Em sua opinião, mais meninos deveriam realizar algumas atividades domésticas? Por quê?

UNIDADE 5

Somos todos diferentes!

Nesta Unidade, você vai:

- Ler e interpretar reportagens.
- Reconhecer a função da pontuação em textos.
- Refletir sobre variedade linguística.
- Produzir uma reportagem.
- Escrever palavras com **S, Z, C, Ç, X, CH, SS, SC, SÇ, XC**.
- Consultar grafias, significados e sinônimos em dicionário.
- Ler um texto expositivo sobre *bullying*.
- Reconhecer a função das preposições.
- Participar de um debate.

Observe as imagens ao lado e converse com os colegas e o professor sobre as questões a seguir.

1. Levando em conta apenas o que você vê nas imagens, como imagina que são essas pessoas? Escolha três pessoas e defina cada uma delas com um adjetivo.

2. Se você tivesse a oportunidade de conhecer melhor essas pessoas, será que sua opinião sobre elas seria a mesma? Justifique sua resposta.

3. Os seres humanos apresentam muitas diferenças entre si. Em sua opinião, essas diferenças podem ser consideradas motivo de preconceito, desvalorização ou exploração entre as pessoas? Por quê?

Participe do **Trabalho em equipe** no final da Unidade!

Reportagem

A população brasileira se formou, inicialmente, pelo encontro de três grupos: povos indígenas nativos, europeus e africanos. Com o passar do tempo, pessoas de outras origens também vieram para cá, contribuindo para a diversidade do nosso povo.

Entre 1550 e 1850, milhões de africanos foram trazidos para o Brasil. Por esse motivo, os afrodescendentes compõem grande parte da população brasileira, e nossa cultura tem bastante influência africana.

O fato de esses africanos terem sido trazidos para cá à força na condição de escravos, entretanto, provocou inúmeras injustiças sociais. Alguns africanos escravizados conseguiram fugir e formar comunidades próprias, e algumas delas existem até hoje. Nas páginas seguintes, você vai ler uma reportagem sobre esse assunto.

1 Observe estas capas e converse com um colega sobre as questões a seguir.

Primeira página do jornal *Lance!*, de 4 de junho de 2017.

Capa da revista *Ciência Hoje das Crianças*, de novembro de 2012.

a) De qual dessas publicações você acha que a reportagem que vai ler foi retirada? Por quê?

b) Qual você acha que é o público-alvo dessas publicações?

2 A capa da revista traz o título "Quilombos e quilombolas do Brasil". O que você sabe sobre quilombos e quilombolas? Converse com os colegas.

Conhecendo o texto

Faça a leitura silenciosa da reportagem a seguir.

DO QUILOMBO AO QUILOMBOLA

Quilombolas reunidos na comunidade Kalunga, em Cavalcante, Goiás, 2010.

Quilombola. Você já ouviu essa palavra? Sabe o que significa? Lendo-a em voz alta, você vai ver que ela é gostosa de pronunciar e que parece com outra que você talvez já tenha ouvido: quilombo — um termo usado, no tempo em que o Brasil era um império, para falar das comunidades de negros fugidos da escravidão. Hoje não temos mais imperador nem escravos, mas os quilombolas — aqueles que pertencem às comunidades negras rurais remanescentes de quilombos — estão aí, e têm novas histórias para contar!

Para começar a entender os quilombolas de hoje, é preciso voltar no tempo até a época dos quilombos e mocambos — essas duas palavras, que têm origem nos povos da África Central que falavam a língua bantu, significam acampamentos e aldeias. Como você já sabe, as expressões eram usadas para chamar as comunidades de escravos que escapavam do trabalho forçado e iam buscar sua independência. Quilombolas, você pode imaginar, eram os participantes dessas comunidades.

■ **DO QUILOMBO AO QUILOMBOLA**

Os quilombos — comunidades de fugitivos — existiram não somente no Brasil, mas, também, em outros países da América Latina que receberam escravos africanos nos séculos 16 a 19 — só que, nesses lugares, ganharam um nome diferente. Na Colômbia, por exemplo, foram conhecidos como palenques — seus descendentes ainda hoje estão presentes em várias comunidades nesse país, como a de São Basílio. Já na Venezuela, ganharam o nome de cumbes. E tinham outros apelidos em países como Cuba, Jamaica, Equador, Suriname, México...

No Brasil, quilombos e mocambos existiram aos milhares, de norte a sul. Eles acompanharam, no século 16, a montagem de engenhos e casas-grandes no Nordeste açucareiro, passando pelas fazendas de gado e lavouras de arroz e algodão, alcançando as áreas de mineração em Goiás, Mato Grosso e Minas Gerais, até surgirem as fazendas cafeeiras de São Paulo e Rio de Janeiro, no século 19.

Havia quilombos também nas cidades de Recife, Salvador, São Luís, Porto Alegre e Rio de Janeiro, onde os fugitivos se reuniam nos subúrbios. Em pequenos ou grandes grupos, eles procuravam se esconder das tropas que tentavam escravizá-los mais uma vez.

Depois de alcançar um lugar bem seguro, os escravos fugidos construíam casas, formavam famílias, praticavam seus cultos, caçavam e cultivavam seus alimentos.

Palmas para Palmares

O mais conhecido quilombo no Brasil foi o de Palmares, em Alagoas, formado na Serra da Barriga, no final do século 16, e que durou mais de cem anos antes de ser destruído. Os historiadores acreditam que sua população era de mais de 20 mil pessoas. Seus grandes líderes, Ganga-Zumba e — o mais famoso — Zumbi, lutaram para manter o território que demarcaram para viver em liberdade e também a autonomia de seus companheiros quilombolas, chamados palmaristas por causa do nome da comunidade.

Zumbi, de Antônio Diogo da Silva Parreiras, 1927 (óleo sobre tela, de 115,3 cm × 87,4 cm). Museu Antônio Parreiras, Niterói, Rio de Janeiro.

Nos séculos 18 e 19, centenas de outros quilombos surgiram, alguns tão grandes como Palmares. Existiu o quilombo do Quariterê, em Mato Grosso, e também o quilombo do Ambrósio, em Minas Gerais.

Não pense, porém, que o sucesso dos quilombos tinha a ver com o fato de ficarem escondidos do resto do mundo. Não ficavam: pelo contrário, os quilombos tinham grande capacidade de fazer negócios nas regiões onde se localizavam, e foi isso que lhes garantiu sobrevivência.

Os quilombolas trocavam aquilo que cultivavam e produziam — como farinha de mandioca, arroz, milho, feijão e cerâmica — com vários grupos da população colonial, escravos ou livres, taberneiros, lavradores, garimpeiros, pescadores, roceiros, camponeses, mascates, quitandeiras... Assim, conseguiam sal e outros itens que não produziam nos quilombos.

Em algumas regiões, a troca entre quilombolas e sociedade colonial era mais explícita. Em outras, era uma atividade clandestina e perigosa para os escravos fugidos, que punham em risco sua liberdade.

Todos livres. E os quilombos, como ficam?

Após a abolição da escravatura, em 1888, os escravos fugidos não tinham mais do que se esconder. Mas suas comunidades, já tão organizadas, persistiram, e seus descendentes continuaram vivendo ali. Juntaram-se a eles os escravos libertados pela lei, que ajudaram a formar as pequenas sociedades negras nas áreas rurais de todo o Brasil.

Pela forte ligação com seu passado, essas comunidades continuaram sendo chamadas de quilombolas. Hoje, o maior complexo de quilombolas fica no sertão de Goiás. É formado pelos Kalungas, que moram nas localidades de Vão das Almas, Vão dos Moleques, Ribeirão dos Bois, Contenda e Kalunga.

Produção artesanal de vassouras na comunidade de Quilombo, em São Martinho da Serra, Rio Grande do Sul. Foto de 2013.

DO QUILOMBO AO QUILOMBOLA

Casa de pau a pique na comunidade quilombola de Soledade, em Caxias, Maranhão. Foto de 2014.

Algumas famílias de escravos libertos, por outro lado, começaram a viajar pelo país em busca de terra e trabalho. Outras, por sua vez, permaneceram nas mesmas fazendas onde, por gerações, haviam sido escravas.

Por exemplo, nos municípios de Mangaratiba (RJ), Morro Alto (RS) e Simões Filho (BA), vivem, atualmente, as comunidades quilombolas de Marambaia, Morro Alto e Rio dos Macacos, que lutam pelo direito de permanecer na terra deixada aos seus antepassados por antigos fazendeiros, desde o final do século 19. Existem centenas de grupos de quilombolas nessa situação em vários municípios brasileiros.

Os quilombolas estão presentes, também, nas chamadas terras de preto, terrenos doados por seus donos em testamento para escravos e suas famílias antes da abolição. Muitos deles ainda precisam lutar pelo direito de ocupar as terras que foram doadas a seus avós e bisavós.

Brasil afora

As comunidades quilombolas, ao longo dos anos, mantiveram as tradições de seus antepassados por meio da história contada de pai para filho e criaram novos costumes. Hoje, continuam presentes em todo o Brasil.

Para você ter uma ideia, no Maranhão, há, pelo menos, 527 comunidades quilombolas distribuídas por 134 municípios. Os estados da Bahia, do Pará e de Minas Gerais contam, cada um, com bem mais de uma centena de comunidades quilombolas. E há dezenas no Rio de Janeiro, Alagoas, São Paulo, Goiás, Rio Grande do Norte, Espírito Santo, Ceará, Sergipe, Amapá, Piauí, Pernambuco, Rio Grande do Sul, Amazonas, Santa Catarina, Paraná e Tocantins.

Todas elas continuam lutando, até hoje, para que seja reconhecido o patrimônio da sua história no passado e os direitos da sua cidadania no presente.

Moradores da comunidade quilombola São José da Serra, em Valença, Rio de Janeiro, dançando jongo. Foto de 2011.

A luta dos quilombolas

A Constituição Brasileira de 1988 garante aos quilombolas o direito de herdar as terras ocupadas por seus antepassados e de que a sua cultura seja reconhecida como patrimônio cultural da nação.

Recentemente, em 2012, o Conselho Federal de Educação aprovou um programa nacional para educação quilombola em escolas das comunidades. Apesar do que está escrito na Constituição e da luta dos quilombolas por seus direitos, ainda falta muito para que eles sejam reconhecidos. De três mil comunidades quilombolas existentes, menos de 200 tiveram seus títulos de terra assegurados.

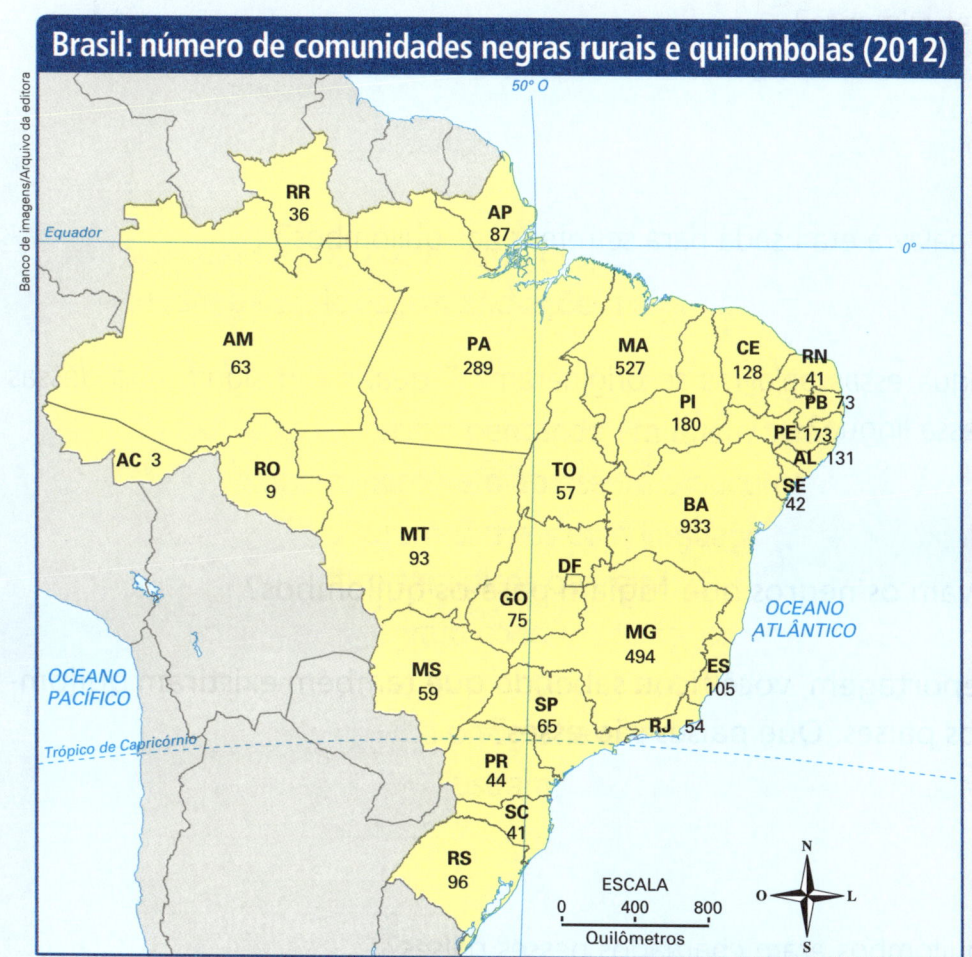

Fonte: Vera Caldini e Leda Ísola. *Atlas geográfico Saraiva*. São Paulo: Saraiva, 2013. p. 30. Dados: Levantamento CNPq/Faperj/UFRJ.

Flávio Gomes
Instituto de História, Universidade Federal do Rio de Janeiro

Regina Célia de Oliveira
Rede Municipal de Ensino

Flávio Gomes e Regina Célia de Oliveira. Do quilombo ao quilombola. *Ciência Hoje das Crianças*. n. 240. Rio de Janeiro: Instituto Ciência Hoje, nov. de 2012. p. 2-6.

Interpretação, linguagem e construção do texto

1 O que você aprendeu lendo essa reportagem? O que você mais gostou de saber? Por quê? Converse com os colegas.

2 Uma das informações apresentadas pela reportagem é o significado de **quilombo** e **quilombola**. Com um colega, responda às questões a seguir.

a) O que eram os quilombos?

b) A que se referia a palavra **quilombola** no passado? E qual é o significado dessa palavra atualmente?

c) Que outra palavra era usada para se referir aos quilombos?

d) De que língua essas palavras se originaram? E qual era o significado dessas palavras nessa língua?

3 O que buscavam os negros que fugiam para os quilombos?

4 Ao ler essa reportagem, você ficou sabendo que também existiram quilombos em outros países. Que países são esses?

- Como os quilombos eram chamados nesses países?

5 Qual foi o quilombo mais conhecido no Brasil e quem eram seus líderes?

UNIDADE 5

6 Com o fim da escravidão no Brasil, em 1888, o que aconteceu com os quilombos e quilombolas?

....

....

■ Quem se juntou aos quilombolas após a abolição?

....

7 De acordo com a reportagem, onde fica o maior complexo de quilombolas no Brasil atualmente e como seus habitantes são chamados?

☐ No sertão de Goiás e seus habitantes são chamados de Kalungas.

☐ No sertão de Pernambuco e seus habitantes são chamados de Nhunguara.

8 Das imagens que acompanham a reportagem, qual você achou mais interessante? Por quê? Converse com os colegas.

9 No estado onde você vive, há comunidades quilombolas? O que você sabe sobre elas? Reúna-se com alguns colegas, façam uma pesquisa e apresentem à turma o que vocês descobriram.

10 Qual é o maior desafio dos quilombolas hoje, de acordo com a reportagem?

....

....

....

Crianças jogando futebol de várzea na comunidade quilombola Povoado do Recurso, no município de Santa Rita, Maranhão, 2008.

11 O texto que você leu é uma reportagem e tem os elementos a seguir.

- Título.
- Subtítulo.
- Lide (primeiro parágrafo que apresenta o assunto da reportagem).
- Corpo da reportagem.
- Imagem.
- Legenda da imagem.
- Nome dos autores.

■ Reúna-se com um colega, identifiquem essas partes no texto e marquem cada uma delas com uma cor diferente.

12 Agora, releiam as informações apresentadas em cada uma dessas partes e respondam às questões a seguir.

a) Em que parte do texto há informações sobre o quilombo dos Palmares?

b) Para saber o que aconteceu com os quilombos depois da libertação dos negros escravizados, que parte deve ser consultada?

c) Onde estão as informações sobre a luta dos quilombolas pelos seus direitos?

d) Que recurso é utilizado para apresentar o número de comunidades negras rurais e quilombolas no Brasil?

■ Que informações esse recurso apresenta ao leitor?

13 Em geral, o título das reportagens indica o assunto ou tema que será abordado. Você acha que o título dessa reportagem tem essa função? Explique sua opinião aos colegas e ao professor.

UNIDADE 5

Refletindo sobre a língua

Assim como os afrodescendentes, muitos indígenas atualmente buscam preservar suas origens e difundir sua cultura.

1 Leia a seguir o trecho de um livro em que um indígena da etnia Nambikwara relata aspectos interessantes de seu povo. Observe que o texto foi reproduzido aqui sem alguns elementos.

> Sabe existem livros que ensinam coisas verdadeiras sobre os povos indígenas mas há também aqueles que não mostram as coisas como elas são por isso vocês podem pensar que todos os índios do Brasil são iguais falam a mesma língua e moram em ocas no nosso país existem mais de 180 línguas indígenas meu povo por exemplo só fala a língua Nambikwara e somos várias etnias diferentes quando vocês veem uma casa indígena chamam sempre de oca mas essa é uma palavra Tupi os Nambikwara chamam de *sxisu* e quem dança fazendo aquele uh, uh, uh com a mão na boca são nossos parentes índios da América do Norte como vocês veem há muitas diferenças   no começo do século passado meu povo vivia no posto indígena Camaré as terras desse lugar eram boas para plantar mandioca abacaxi cará e batata-doce mas ruins para o milho e o feijão para vocês terem uma ideia da lonjura desse local ele ficava a setecentos quilômetros de Cuiabá e a cidade mais próxima chamada Vilhena estava a mais de 130 quilômetros imaginem então o nosso sofrimento quando alguém ficava doente sem transporte para ir ao médico ou ao hospital
>
> Renê Kithãulu. *Irakisu: o menino criador*. São Paulo: Peirópolis, 2002. p. 7-8.

Renê Kithãulu pertence ao povo Waikutesu, um subgrupo dos Nambikwara, e vive em uma aldeia no município de Comodoro, em Mato Grosso. Ele se dedica a divulgar a cultura de seu povo principalmente por meio de livros e atividades educativas em escolas, ensinando a usar arco e flecha, a cantar e a brincar.

No livro *Irakisu: o menino criador*, Renê relata histórias de seu povo e diversos aspectos da cultura indígena.

■ Converse com um colega e respondam às questões a seguir.

a) O que está faltando no texto?

b) Isso dificultou a sua compreensão do texto? Por quê?

c) Qual você acha que é a principal informação apresentada no texto sobre os povos indígenas que vivem no Brasil?

2. Reúna-se com os colegas e o professor, releiam o texto da atividade anterior e identifiquem:

a) o objetivo do texto.

_____

b) o assunto principal.

_____

c) as características de como ele se estrutura.

_____

3. Observe estes sinais de pontuação e o nome de cada um deles.

. Ponto final	— Travessão	... Reticências
! Ponto de exclamação	? Ponto de interrogação	" " Aspas
: Dois-pontos	, Vírgula	

■ Quais desses sinais de pontuação você provavelmente usaria para pontuar o texto que leu? Complete o quadro.

Sinais de pontuação que usaria	Sinais de pontuação que não usaria	Sinais de pontuação que não tem certeza se usaria

4. Agora, com um colega, releiam e reescrevam o texto no caderno, empregando os sinais de pontuação que julgarem necessários. Durante a reescrita, troquem ideias sobre como fazer isso.

a) Quando terminarem, contem para a turma como fizeram essa organização e leiam em voz alta um trecho do texto pontuado. A pontuação deixou a leitura do texto mais clara?

b) Depois, o professor vai mostrar o texto original para que o comparem com o texto de vocês.

UNIDADE 5

Conhecendo outros textos

Você já viu como as informações podem ser apresentadas em uma reportagem. Agora, você vai ler outras duas reportagens para observar que o mesmo tema pode ser abordado de maneiras diferentes e, ainda assim, transmitir as mesmas informações.

Reportagem 1

Como surgiram os diferentes sotaques do Brasil?

As origens dos sotaques brasileiros estão na colonização do país feita por vários povos em diferentes momentos históricos. O português, como se sabe, imperou sobre os outros idiomas que chegaram por aqui, mas sofreu influências do holandês, do espanhol, do alemão, do italiano, entre outros.

Além disso, havia diferença no idioma português falado entre os colonizadores que chegavam aqui, vindos de várias regiões de Portugal e em distintas décadas. "Os portugueses vinham em ondas, em diferentes épocas. Por isso, o idioma trazido nunca foi uniforme", explica Ataliba Teixeira de Castilho, linguista e filólogo, consultor do Museu da Língua Portuguesa e professor da Universidade Estadual de São Paulo (Unesp).

Os primeiros contatos linguísticos do português no Brasil foram com as línguas indígenas e africanas. "A partir do século XIX, os imigrantes europeus e asiáticos temperaram essa base portuguesa, surgindo o atual conjunto de sotaques", diz o professor Ataliba.

É só reparar o sotaque e a região para lembrar os vários imigrantes que contribuíram para a história do país. No Sul, os alemães, italianos e outros povos vindos do leste europeu. No Rio Grande do Sul, acrescenta-se a estes a influência dos países de fronteira, de língua espanhola. São Paulo e sua grande comunidade italiana, misturada a pessoas vindas de várias partes do Brasil e do mundo; Pernambuco e os holandeses dos tempos de Maurício de Nassau. Os exemplos são muitos e provam que os sotaques são parte da história da formação do país.

Por isso mesmo, não se pode dizer que haja um sotaque mais "correto" que outro. "Quem acha que fala um português sem sotaque em geral não se dá conta de que também tem o seu próprio, já que ele caracteriza a variação linguística regional, comum a qualquer língua", afirma o professor.

Renata Costa. *Nova Escola*. Disponível em: <https://novaescola.org.br/conteudo/2526/como-surgiram-os-diferentes-sotaques-do-brasil>. Acesso em: 18 maio 2018.

Reportagem 2

Por que o sotaque muda conforme a região?

É uma questão complexa, que envolve vários fatores. "Uma das explicações possíveis, porém, é o isolamento das comunidades no espaço e no tempo", afirma Marli Quadros Leite, linguista da USP. Assim, para descobrir as origens de um determinado sotaque é preciso estudar tanto a história da população nativa da região quanto das pessoas que migraram para lá. Isso ajuda a entender por que, no Brasil, encontram-se tantas formas diferentes de falar o mesmo idioma. Só os colonizadores portugueses trouxeram em sua bagagem uma boa quantidade de diferenças linguísticas: um bando vinha de Lisboa, outro do Porto, um terceiro do Alentejo... Como se não bastasse, os índios que já viviam aqui falavam inúmeras línguas. Mais tarde, chegaram os africanos e depois vieram imigrantes — e até colonizadores — de outros países europeus.

Cada região do país foi assimilando diferentes elementos dessas fontes, resultando nos diferentes sotaques e dialetos. Mesmo assim, nunca nos transformamos numa Torre de Babel. "Apesar da nossa imensa diversidade linguística, há uma certa unidade que permite a todos se entenderem e terem a certeza de que falam o 'português do Brasil'", diz Marli.

Variação geográfica

Cinco exemplos estaduais de como o Brasil fala português.

Pernambuco
Uma herança da longa presença holandesa no Recife foi a forte pronúncia do **R**, como nas línguas de origem germânica.

Bahia
O sotaque local reflete a variada mistura da miscigenação do seu povo, assimilando tanto o **S** assobiado de São Paulo e Minas Gerais quanto o **R** aspirado dos cariocas.

Rio de Janeiro
Muitos estudiosos afirmam que o **S** chiado (quase um **X**) dos cariocas nasceu com a transferência da família real portuguesa para a cidade em 1808. A chegada da corte não só provocou mudanças de costumes como influenciou a fala da população local, produzindo uma versão peculiar da pronúncia lisboeta.

São Paulo
Acredita-se que o **R** acentuado do interior de São Paulo tem origem no jeito de falar dos índios tupis, assimilado pelos bandeirantes. Essa pronúncia caipira ultrapassou as fronteiras do estado e também se espalhou pelo sul de Minas e por Goiás.

Santa Catarina
O sotaque cantado, mais forte até que o dos gaúchos, é influência direta da forte imigração de portugueses da ilha de Açores.

Mundo Estranho. Disponível em: <http://mundoestranho.abril.com.br/cultura/por-que-o-sotaque-muda-conforme-a-regiao/>. Acesso em: 18 maio 2018.

Interpretação, linguagem e construção do texto

1 Qual é o tema dos dois textos? ....

2 Com um colega, comparem como as duas reportagens apresentam as informações sobre esse mesmo tema. Para isso, preencham o quadro a seguir.

	Revista *Nova Escola*	Revista *Mundo Estranho*
Origem dos diferentes sotaques		
Por que no Brasil há tantas formas de falar		
Povos que contribuíram para a diversidade de sotaques		
Exemplos da formação dos sotaques em algumas regiões		

3 Comparem também o modo como as duas reportagens estão organizadas: títulos, subtítulos, parágrafos, destaques, etc. O que vocês observam de semelhante e de diferente entre os dois textos?

....

....

....

4 Na sua opinião, qual reportagem esclareceu melhor o tema? Por quê?

5 Releia estes trechos que apresentam a conclusão das reportagens.

Reportagem 1

> Por isso mesmo, não se pode dizer que haja um sotaque mais "correto" que outro. "Quem acha que fala um português sem sotaque em geral não se dá conta de que também tem o seu próprio, já que ele caracteriza a variação linguística regional, comum a qualquer língua", afirma o professor.

Reportagem 2

> "Apesar da nossa imensa diversidade linguística, há uma certa unidade que permite a todos se entenderem e terem a certeza de que falam o 'português do Brasil'", diz Marli.

■ Assinale a alternativa que melhor resume a conclusão dos dois textos.

☐ Há regiões do Brasil em que as pessoas falam mais corretamente que em outras. Mesmo assim, todos se entendem.

☐ Os sotaques variam conforme a região do país, mas não há um sotaque certo nem errado e, apesar da diversidade, todos falam o português do Brasil.

6 Algumas pessoas fazem brincadeiras desrespeitosas quando o modo como alguém fala é diferente de como elas próprias falam. Converse com os colegas e o professor sobre as seguintes questões.

a) Você acha certo fazer uma brincadeira desrespeitosa com uma pessoa por causa do sotaque que ela tem ou do modo como ela fala?

b) Você já presenciou uma situação em que isso aconteceu? Em caso afirmativo, como se sentiu?

7 Releia estes trechos das reportagens.

Reportagem 1

> Além disso, havia diferença no idioma português falado entre os colonizadores que chegavam aqui, vindos de várias regiões de Portugal e em distintas décadas. "Os portugueses vinham em ondas, em diferentes épocas. Por isso, o idioma trazido nunca foi uniforme", **explica** Ataliba Teixeira de Castilho, linguista e filólogo, consultor do Museu da Língua Portuguesa e professor da Universidade Estadual de São Paulo (Unesp).

Reportagem 2

> É uma questão complexa, que envolve vários fatores. "Uma das explicações possíveis, porém, é o isolamento das comunidades no espaço e no tempo", **afirma** Marli Quadros Leite, linguista da USP.

a) Qual é o nome da pessoa entrevistada em cada reportagem e qual é a profissão dela? Sublinhe essas informações nos trechos.

b) Por que é importante identificar o nome e a profissão do entrevistado?

_____

_____

■ Se o tema do texto fosse, por exemplo, saúde dos animais, os mesmos especialistas poderiam ser entrevistados? Por quê?

c) Qual é a função das aspas nesses trechos das reportagens?

_____

d) As palavras em destaque em cada um dos trechos são:

☐ substantivos.   ☐ verbos.

■ Que outras palavras poderiam ser usadas com o mesmo sentido?

> Em reportagens, os **depoimentos** de especialistas e de outras pessoas entrevistadas geralmente aparecem entre aspas (" ") e com a indicação do nome completo delas. Se for relevante, também podem aparecer outros dados, como idade e profissão.

Refletindo sobre a língua

1) Para refletir mais sobre os diferentes modos de usar a língua portuguesa nas diferentes regiões do Brasil, leia os anúncios a seguir.

- Agora, converse com os colegas e o professor sobre estas questões.

   a) Qual é o objetivo de cada anúncio?

   b) Esses anúncios são de diferentes regiões do Brasil. Vocês imaginam de que região eles são?

   c) Que marcas na linguagem dos anúncios podem dar pistas de que eles são de regiões diferentes?

   d) Essas marcas impedem que pessoas que não moram nessas regiões entendam a mensagem dos anúncios? Expliquem.

2) Com um colega, escolham um dos anúncios e, no caderno, criem uma versão adaptada à linguagem da região onde vocês vivem.

118 UNIDADE 5

Entre linhas e ideias

Você viu que um mesmo tema pode ser abordado de diferentes maneiras. Agora, em grupos, você e os colegas vão escrever uma reportagem para informar os leitores sobre determinado tema, com depoimentos de um entrevistado especialista no assunto escolhido por vocês.

Para organizar o trabalho do grupo e planejar o texto, sigam as etapas do roteiro apresentado a seguir. Se necessário, peçam ajuda ao professor e retomem os textos que leram nesta Unidade para pensarem nas questões.

1. **Planejamento**

    Meio de circulação e público

    a) Decidam se a reportagem vai ser publicada no mural da sala, em uma revista da turma ou em um *site* ou blogue da escola ou da turma na internet.

    b) Avaliem qual será o público que vai ler a reportagem. Para isso, considerem os possíveis leitores de acordo com o meio de circulação definido.

    Corpo da reportagem

    a) Definam qual será o tema da reportagem pensando em assuntos que despertem o interesse dos leitores.

    b) Decidam quais serão as fontes de pesquisa.

    c) Pensem em quem será a pessoa entrevistada. Escolham a pessoa de acordo com o tema da reportagem. Com a ajuda do professor, convidem essa pessoa e combinem com ela um local e o momento para fazer a entrevista.

    d) Elaborem as perguntas que serão feitas ao entrevistado.

    e) Façam a entrevista com a pessoa escolhida e registrem todas as informações obtidas. Se quiserem, vocês podem gravar o depoimento da pessoa para citar algumas falas dela no texto.

    f) Pesquisem nas fontes escolhidas informações sobre o assunto e selecionem as que considerarem mais relevantes para apresentar na reportagem.

    Texto e imagens

    a) Pensem:
    - em um título e um subtítulo que atraiam a atenção dos leitores.
    - na linguagem que será utilizada no texto de acordo com o público que vai ler a reportagem.

    b) Pesquisem fotografias e imagens para ilustrar a reportagem.

Organização da reportagem

■ De acordo com o suporte no qual a reportagem será publicada, pensem em como vai ser a apresentação do texto e definam:

- se o texto será manuscrito, impresso ou digital;
- o tamanho da reportagem;
- o tamanho das letras, do título e dos subtítulos;
- o tamanho das fotografias e de outras imagens, considerando um espaço para as legendas;
- a distribuição de texto e imagens na página.

Vanessa Alexandre/Arquivo da editora

A reportagem publicada em jornais e revistas apresenta uma disposição na página chamada **diagramação**.

A diagramação consiste em organizar na página os elementos que compõem a reportagem: **título**, **subtítulo**, **lide** (parágrafo inicial do texto jornalístico que apresenta um resumo do assunto), **texto**, **imagem** e **legenda**.

2. **Primeira versão**

   ■ Escrevam a primeira versão do texto levando em conta o meio de circulação e o público. Sigam estas orientações.

   a) Organizem o texto em parágrafos de acordo com as informações apresentadas. Lembrem-se de que cada parágrafo deve desenvolver um assunto.

   b) Relembrem como os depoimentos devem ser indicados no texto.
      - Citem as falas do entrevistado entre aspas.
      - Usem verbos como **afirmou**, **disse**, **concluiu**, etc.
      - Indiquem o nome do entrevistado e a profissão dele.

   c) Utilizem linguagem formal e sem variações regionais para escrever o texto. Se nas falas do entrevistado houver marcas de oralidade, como **tipo**, **né**, **bom**, **sabe**, **então**, **assim**, elimine-as ao fazer a citação.

   d) Agora, façam um rascunho da diagramação da reportagem, demarcando onde ficarão o texto e as imagens.

   e) Escrevam também as legendas das fotografias e outras imagens selecionadas.

3. **Revisão**

   ■ Confiram se vocês não se esqueceram de nenhum aspecto importante. Façam a revisão da reportagem considerando os tópicos a seguir.

   - Há um título com letras em destaque?
   - O título chama a atenção dos leitores?
   - A linguagem e o vocabulário estão adequados às pessoas que vão ler a reportagem?
   - Os depoimentos foram seguidos de verbos (**disse**, **afirmou**, **falou**, entre outros) e as falas do entrevistado estão entre aspas?
   - O nome e a profissão do entrevistado foram inseridos no texto?
   - A linguagem utilizada é a formal? Foram eliminadas as marcas da oralidade, como **tipo**, **né**, **bom**, **sabe**, **então**, **assim**?
   - As palavras estão grafadas corretamente? Foi utilizado o dicionário quando surgiram dúvidas?
   - Os sinais de pontuação foram usados corretamente no fim das frases?
   - Foi usada letra maiúscula no início das frases e em nomes próprios?
   - O rascunho da diagramação demonstra organização do texto e das imagens?
   - Foram selecionadas fotografias e imagens adequadas ao assunto da reportagem?
   - Todas as fotografias e imagens estão com legenda?

4. **Versão final**

   a) Se houver sala de informática na escola, combinem com o professor um momento para digitação e diagramação da reportagem. Peçam ajuda ao professor para usar os programas de edição de texto. Depois, imprimam as reportagens.

   b) Caso não seja possível utilizar um computador para digitar e diagramar a reportagem, copiem o texto final em uma folha à parte e colem as fotografias e imagens conforme haviam planejado.

   c) Com a ajuda do professor, publiquem a reportagem no mural da sala de aula ou em uma revista produzida pela turma. Se possível, publiquem também no *site* ou blogue da escola ou da turma.

Descobertas sobre a escrita

1 Releia em voz alta este trecho de uma das reportagens que você leu.

> O sotaque local reflete a variada mistura da **miscigenação** do seu povo, assimilando tanto o **S** assobiado de São Paulo e Minas Gerais quanto o **R** aspirado dos cariocas.

a) A palavra em destaque tem duas consoantes representando apenas um som. Quais são essas consoantes?

☐ SC ☐ SS ☐ XC

b) Que som elas representam?

☐ Som de **Z**. ☐ Som de **CH**. ☐ Som de **SS**.

> No exemplo que você leu, duas letras juntas representam um único som. Quando isso acontece, esse conjunto de letras é chamado de **dígrafo**.

2 Leia estas palavras em voz alta.

cresça	excede	disciplina
exclamação	nascer	explica
máscara	excêntrico	exercício

■ Agora, copie as palavras em que há um dígrafo representando o mesmo som analisado na atividade anterior.

_____

3 Escreva no quadro outras palavras com os dígrafos indicados. Observe os exemplos.

SC	SÇ	XC
piscina	desça	excelente

UNIDADE 5

4 Leia o cartaz a seguir.

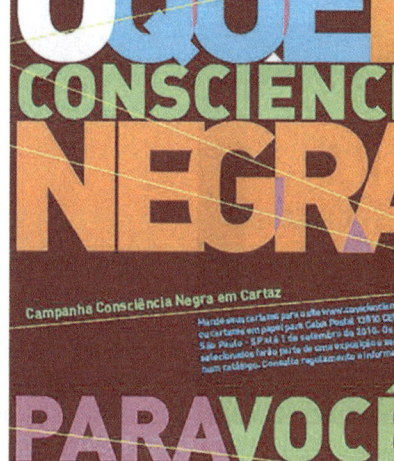

Cartaz da campanha do Dia da Consciência Negra (2010), da Secretaria de Estado da Cultura de São Paulo.

> **Campanha Consciência Negra em Cartaz**
>
> Mande seus cartazes para o site www.consciencianegra.com.br ou cartazes em papel para Caixa Postal 00000 CEP 00000-000 São Paulo – SP até 1 de setembro de 2010. Os 50 cartazes selecionados farão parte de uma exposição e serão incluídos num catálogo. Consulte regulamento e informações no site.

a) Como você responderia à pergunta feita no cartaz? Converse com os colegas.

b) Que palavra do cartaz tem um dígrafo representando o som de **SS**?

5 Circule as palavras em que um dígrafo representa o som de **SS**.

acrescentar	crescimento	axila	consciente
desço	excelência	excesso	descendente
exceção	fixando	floresçam	inconsciente
maxilar	mexendo	nascimento	táxi

■ Escolha uma dessas palavras e escreva uma frase com ela.

Refletindo sobre a língua

1 Leia a placa a seguir e observe a grafia das palavras.

O Brasil das placas, de José Eduardo R. Camargo e André Luís Fontenelle. São Paulo: Panda Books, 2007.

■ O que chama a atenção na grafia das palavras nessa placa?

....

....

2 Reúna-se com um colega e analisem algumas palavras da placa tentando entender por que elas foram escritas dessa forma. Conversem sobre cada caso e, depois, respondam às questões a seguir.

a) Que som foi representado pela letra **S** nas palavras **serviso** e **adubasão**?

....

b) Que letra foi usada para representar esse mesmo som nas palavras **manções** e **poços**?

....

■ Qual dessas palavras está de acordo com a norma-padrão da língua, ou seja, seguindo as regras gramaticais?

....

c) Que som foi representado pelas letras **Z** e **S** nas palavras **arteziano** e **linpesa**?

....

■ Essas letras podem representar o mesmo som. Para saber qual delas usar na escrita dessas palavras de acordo com a norma-padrão, o que você faz? Converse com os colegas.

d) Que letra foi usada antes da consoante **P** na palavra **linpesa**?

....

- Que outra letra deveria ter sido usada?

....

e) A palavra **chacara** foi escrita sem acento. De acordo com a ortografia, ela deveria ser acentuada? Por quê?

....

3 Você conseguiu entender a mensagem transmitida por essa placa ou teve dificuldades?

....

- Converse com os colegas e o professor sobre as questões a seguir.
    a) Para um texto transmitir uma mensagem, ele precisa ser escrito de acordo com a norma-padrão da língua?
    b) Apesar disso, há situações em que é necessário que o texto seja escrito de acordo com as regras gramaticais. Que situações são essas?

4 Algumas pessoas consideram que, em qualquer situação, deve-se escrever de acordo com a norma-padrão. Esse pensamento abre espaço para julgamentos e brincadeiras desrespeitosas com pessoas que não seguem essa norma ao escrever.

- Você acha adequado que pessoas que escrevem como na placa observada sejam alvo de julgamentos e brincadeiras como essas? Converse com os colegas e o professor.

5 Reescreva o texto da placa de acordo com a norma-padrão de ortografia.

- Agora, compare a sua reescrita com a de um colega. Se necessário, consultem um dicionário para verificar a grafia das palavras.

6 Converse com os colegas e o professor sobre as seguintes questões.

- O que você faz quando:

    a) tem dúvida sobre o significado de uma palavra?

    b) tem dúvida sobre a grafia de uma palavra?

    c) quer encontrar uma palavra que seja sinônima de outra para enriquecer um texto e evitar repetições?

7 Releia um trecho do texto "Por que o sotaque muda conforme a região?".

> É uma questão complexa, que envolve vários fatores. "Uma das explicações possíveis, porém, é o isolamento das comunidades no espaço e no tempo", afirma Marli Quadros Leite, linguista da USP. Assim, para descobrir as origens de um determinado sotaque é preciso estudar tanto a história da população nativa da região quanto das pessoas que migraram para lá.

a) Com um colega, circulem algumas palavras do texto de acordo com a legenda:

 Duas palavras que poderiam gerar dúvidas quanto à grafia.

🌼 Duas palavras que poderiam gerar dúvidas quanto ao significado.

🍀 Duas palavras que poderiam ser substituídas por sinônimo.

b) Para saber o significado, a grafia e os sinônimos das palavras que vocês selecionaram, consultem o dicionário. Mas, fiquem atentos, pois nem sempre encontramos as palavras no dicionário da forma como aparecem no texto.

8 Releia mais um trecho do texto.

> Como se não bastasse, os índios que já viviam aqui falavam inúmeras línguas. Mais tarde, chegaram os africanos e depois vieram imigrantes — e até **colonizadores** — de outros países europeus.

- Que verbete você precisa procurar no dicionário para saber o significado da palavra destacada? _____

Diversão em palavras

1 Junte-se a um colega para resolver o desafio das adivinhas!

Dica: As respostas são palavras escritas com **CH** ou **Ç**.

> O que é, o que é?

a) Que sempre cai e nunca se machuca? ....

b) Que pesa mais no mundo? ....

c) Que pode encher uma sala, mas não enche uma colher? ....

d) Que fica cheio de boca para baixo e vazio de boca para cima? ....

2 Leia em voz alta este poema que brinca com a letra **X**.

> X
>
> Xeque que estava no
> Xilindró
> Xingou
> Xerife que, no
> Xadrez,
> Xeretava seu
> Xaxim de
> Xiquexique.

X, de Nani. Em: *Abecedário hilário*. Belo Horizonte: Abacatte Editorial, 2009.

■ Converse com os colegas sobre estas questões.

a) Você se divertiu com a leitura desse poema? Por quê?

b) O que você entendeu do texto? Qual é o sentido construído por ele?

■ Caso não saiba o significado de alguma palavra do texto, consulte um dicionário.

c) Em todas as palavras escritas com **X** no poema, essa letra representa o mesmo som. Que som é esse? E o que essa repetição provoca na leitura em voz alta?

d) Além dessa repetição do som, você percebe alguma outra repetição no texto?

Conhecendo outros textos

Você vai ler um texto sobre *bullying*. Você sabe o que esse termo significa? Já ouviu essa palavra?

As atividades a seguir podem ajudá-lo a entender melhor a ideia por trás dessa palavra.

1 Observe as imagens: O que está acontecendo em cada cena? Converse com os colegas.

Ilustrações: Vanessa Alexandre/Arquivo da editora

2 Leia este trecho de uma cartilha, que explica um pouco do comportamento comum entre crianças que sofrem *bullying* na escola.

> No recreio encontram-se isoladas do grupo, ou perto de alguns adultos que possam protegê-las; na sala de aula apresentam postura retraída, faltas frequentes às aulas, mostram-se comumente tristes, deprimidas ou aflitas; nos jogos ou atividades em grupo sempre são as últimas a serem escolhidas ou são excluídas; aos poucos vão se desinteressando das atividades e tarefas escolares; e em casos mais dramáticos apresentam hematomas, arranhões, cortes, roupas danificadas ou rasgadas.
>
> Ana Beatriz Barbosa Silva e Conselho Nacional de Justiça. *Bullying.* Cartilha 2010 – Projeto Justiça nas Escolas. Brasília/DF: CNJ, 2010. p. 10. Disponível em: <www.cnj.jus.br/images/programas/justica-escolas/cartilha_bullying.pdf>. Acesso em: 18 maio 2018.

■ Reúna-se com alguns colegas e conversem sobre estas questões.

   a) Como vocês acham que uma criança ou um adolescente que sofre *bullying* se sente?

   b) Qual é a relação entre esse texto e as imagens da atividade anterior?

Agora, leia silenciosamente o texto a seguir para saber ainda mais sobre *bullying*.

O QUE É BULLYING?

Bullying é quando alguém machuca ou humilha constantemente outra pessoa. Xingar, espalhar rumores, agredir ou excluir intencionalmente alguém também são formas de *bullying*.

Isso pode acontecer pessoalmente, por escrito, pelo telefone, pela internet, redes sociais (*bullying* virtual), na escola, no ônibus, em casa... em qualquer lugar. Seja lá onde for, o *bullying* é inadmissível.

O *bullying* é um problema sério que afeta milhões de crianças sem importar de onde são, principalmente na escola. E esse problema precisa ser resolvido o quanto antes. Normalmente, os menores, mais novos ou mais vulneráveis são as vítimas dos agressores. Eles escolhem as crianças que consideram diferentes, as que não usam roupas da moda, que vêm de uma minoria étnica, social ou racial. Por exemplo: as mais atrapalhadas, mais gordinhas, que têm as melhores notas ou que sejam tímidas. A verdade é que quem está a fim de machucar, humilhar ou excluir alguém do seu grupo de amigos não precisa de muito. O agressor não só humilha as vítimas como também afeta as testemunhas, especialmente quando elas não sabem o que fazer a respeito.

O *bullying* virtual se espalha viralmente pela *web* e pode fazer a vítima se sentir humilhada constantemente, de uma forma difícil de deter.

Não é uma piada, não é uma brincadeira, o *bullying* é inadmissível.

DICAS

Seja você a vítima ou a testemunha do *bullying*, existem muitas coisas que pode fazer para detê-lo. Mas a melhor coisa é NÃO FICAR CALADO.

SEJA AMIGÁVEL

Consolar alguém que tenha sido vítima do *bullying* é um gesto carinhoso e faz uma grande diferença. Tente dizer algo como "sinto muito pelo que aconteceu" e reforce que você não aprova o *bullying* e que a vítima não tem culpa da agressão. Melhor ainda, comece uma amizade com ela.

CONTE PARA UM ADULTO

Você precisa falar com alguém — seus pais, um professor ou alguém em quem confie, que possa interferir e deter o *bullying*. Lembre-se: pedir ajuda não é dedurar, é ajudar a quem precisa.

ENVOLVA-SE

Se ofereça para fazer parte do programa de prevenção ao *bullying* da sua escola. Se não houver um, veja se você pode criar um programa. Incentive todo mundo na sua escola a se manifestar contra o *bullying*. Juntos, podemos fazer a diferença e acabar com o problema. Não fique calado!

Chega de *bullying*, não fique calado. Campanha do Cartoon Network em colaboração com a Secretaria de Educação do Estado de São Paulo e as organizações Plan Internacional e Visão Mundial, 2012. TM&©2014 Cartoon Network. Disponível em: <www.chegadebullying.com.br/#queEsBullying>. Acesso em: 18 maio 2018.

Interpretação, linguagem e construção do texto

1 O título do texto faz uma pergunta: "O que é *bullying*?". Depois de ler o texto, escreva uma resposta com suas palavras.

_____

_____

2 Que atitudes são consideradas *bullying*, de acordo com o texto?

_____

3 Quais são as crianças que geralmente sofrem *bullying*?

_____

_____

_____

4 Como costumam reagir as pessoas que sofrem *bullying*?

_____

5 Releia estes trechos.

> Isso pode acontecer pessoalmente, por escrito, pelo telefone, pela internet, redes sociais (*bullying* virtual), na escola, no ônibus, em casa... em qualquer lugar.

> O *bullying* virtual se espalha viralmente pela *web* e pode fazer a vítima se sentir humilhada constantemente, de uma forma difícil de deter.

- O que é *bullying* virtual? E quais são suas consequências? Converse com os colegas.

6 O texto dá dicas para combater o *bullying*. Quais são elas?

_____

_____

_____

7 Você já ajudou alguém que viveu situações de *bullying*? Como foi isso?

- Escreva no caderno um breve relato da experiência que você vivenciou ou o que você faria para ajudar uma vítima de *bullying*. Avalie a possibilidade de compartilhar seu relato com os colegas.

8 Pensando no meio em que foi publicado e nas características do texto que você leu, converse com um colega e responda às questões a seguir.

a) A quem se destina preferencialmente esse texto?

b) Qual é o objetivo do texto?

c) Em sua opinião, por que as dicas para combater o *bullying* estão em destaque?

9 Você considera que o texto apresenta informações importantes sobre o tema? O que você mais gostou de aprender? Por quê?

- O que mais você gostaria de saber sobre esse assunto?

10 Qual é a relação do assunto desse texto com o tema "Somos todos diferentes"? Converse com os colegas e o professor.

- O que você aprendeu sobre preconceito e discriminação lendo este e os outros textos desta Unidade?

Diversão em palavras

■ Vamos desembaralhar as letras e formar palavras?

sistiras	noucera	necima
çudora	çaravan	rioversánia
sãocurex	topreceicon	potemssapa
salbo	çãomania	çara
code	sorve	sãoverdi
tunarassia	feprossor	çãogabrio

- Agora, agrupe as palavras que você escreveu.

Palavras com SS	Palavras com S	Palavras com C	Palavras com Ç

UNIDADE 5

Refletindo sobre a língua

1 Releia um trecho do texto "O que é *bullying*?" e observe as palavras destacadas.

> Se ofereça **para** fazer parte **do** programa **de** prevenção **ao** *bullying* **da** sua escola. Se não houver um, veja se você pode criar um programa. Incentive todo mundo **na** sua escola **a** se manifestar **contra** o *bullying*. Juntos, podemos fazer a diferença e acabar **com** o problema. Não fique calado!

- Agora, releia o mesmo trecho sem as palavras destacadas.

> Se ofereça fazer parte programa prevenção *bullying* sua escola. Se não houver um, veja se você pode criar um programa. Incentive todo mundo sua escola se manifestar o *bullying*. Juntos, podemos fazer a diferença e acabar o problema. Não fique calado!

- O que mudou no trecho sem as palavras destacadas? Qual parece ser a função dessas palavras? Troque ideias com os colegas.

2 Leia o trecho a seguir e complete-o com as palavras do quadro. Você pode usar as palavras mais de uma vez.

| a | de | diante | sobre |

O aluno se sente impotente _____ da situação e fica acuado, além _____ não achar nada _____ divertido nisso. O *bullying* deve ser encarado como uma violência. Quanto mais se conversar _____ o assunto, mais as pessoas podem se informar e ajudar _____ combatê-lo.

As palavras que você usou para completar esse trecho são chamadas de **preposições**. As preposições ligam palavras e estabelecem relações de sentido entre elas.

Às vezes, as preposições se combinam com artigos e formam as **contrações**:

de, em, a + a, as, o, os = da, das, do, dos, na, nas, no, nos, à, às, ao, aos

(preposição)   (artigo)   (contração)

3 Para cada imagem, crie uma frase usando pelo menos uma preposição.

_____ _____

4 Agora, leia estas frases.

> O aluno se sente impotente diante da situação e fica acuado, além de não achar nada de divertido nisso.

> Os alunos se sentem impotentes diante das situações e ficam acuados, além de não acharem nada de divertido nisso.

a) Em cada frase, circule as preposições e sublinhe as contrações formadas por uma preposição e um artigo.

b) O que aconteceu com essas palavras quando a primeira frase foi passada para o plural? Troque ideias com os colegas.

Bloco de notas

Preposição

- Escreva o que você aprendeu sobre preposições. Converse com o professor e pesquise outras preposições, completando suas anotações.

_____
_____
_____

134 UNIDADE 5

5) O texto a seguir apresenta dicas para o combate ao *bullying*, mas estão faltando as preposições. Escolha as preposições do quadro e complete o texto para que ele faça sentido.

| com | da | de | na | para | sobre |

DICAS PARA COMBATER O BULLYING

- Não isole as pessoas. Convide-as _____ participar _____ jogos, partidas _____ futebol e outras brincadeiras.

- Não faça comentários negativos _____ ninguém. Isso pode prejudicar a imagem _____ pessoa, além de ofendê-la.

- Se você presenciar uma situação de *bullying* _____ sua escola, converse _____ o professor ou alguém da direção.

Vamos falar sobre...

Redes sociais

Atualmente, muitas crianças e muitos adolescentes estão usando a internet para assistir a vídeos e se conectar com amigos. Isso pode facilitar a aproximação entre essas pessoas e a troca de ideias e experiências, mas também pode deixá-las expostas a muitos riscos.

As redes sociais exigem uma idade mínima para que se possa criar uma conta. Porém, essa regra nem sempre é respeitada. Pesquisas mostram que a maioria dos pais ou responsáveis não tem controle sobre o que as crianças acessam nas redes.

- Reflita mais sobre esse assunto conversando com os colegas sobre as questões a seguir.

   a) Na sua casa, há regras para o uso das redes sociais e da internet? Se sim, quais são essas regras?

   b) Por que é importante não se expor demais nas redes sociais?

   c) Que cuidados é preciso ter ao interagir com as pessoas nas redes sociais?

Praticando a fala e a escuta

As pessoas podem ter opiniões e ideias muito diferentes sobre um assunto. Todos têm direito de concordar ou discordar da opinião do outro, mas também têm o dever de respeitar os diferentes pontos de vista.

O **debate** é uma das formas de expressar a opinião sobre um assunto, mas, para que todos os participantes possam falar e ser ouvidos, é preciso que haja regras bem definidas. Você e os colegas vão participar de uma roda de discussão para elaborar as regras de um debate, que será realizado na seção **Trabalho em equipe** ao final da Unidade.

1. **Planejamento**

    a) Converse com os colegas e o professor sobre as questões a seguir. Vocês vão discutir para chegar a um consenso sobre cada uma delas a fim de estabelecer as regras do debate.

    - Modos de participação: Quem será o mediador do debate? Quando os participantes poderão falar durante o debate? Os participantes poderão repetir o que já foi dito? Se isso ocorrer, qual será o procedimento?
    - Tempo de fala: Quanto tempo os participantes terão para fazer as considerações iniciais sobre o assunto? Quanto tempo um participante terá para fazer uma pergunta ao colega? Quanto tempo um participante terá para responder a uma pergunta? Quem ficará responsável pela contagem de tempo?
    - Conduta e comportamento: Como os participantes deverão se comportar enquanto os colegas estiverem falando? Como deverá ser a conduta dos participantes quando os colegas apresentarem ideias diferentes? Qual linguagem poderá ser usada durante o debate, pensando que é uma situação formal de comunicação?

    b) Ao final da discussão, registrem as regras definidas pela turma para que elas possam ser usadas no debate proposto ao final da Unidade.

2. **Avaliação**

    - Avalie sua participação nessa discussão refletindo sobre estas questões.

    - Participei ativamente na construção das regras do debate?
    - Emiti minha opinião sobre como seriam as regras de modos de participação, tempo de fala, conduta e comportamento?
    - Respeitei as opiniões diferentes dos meus colegas?
    - Contribuí para que houvesse consenso na construção das regras?

Diversão em palavras

Reúna-se com quatro colegas para confeccionar o material necessário para o jogo **Acerte na escrita**. O professor vai ajudá-los.

Material
- Cartolina e folhas de papel sulfite.
- Marcadores de cores diferentes: botões ou pinos coloridos.
- Tabuleiro da página 138.

Preparação do jogo

1. Se não tiverem botões ou pinos coloridos, façam marcadores de cartolina e pintem-nos de cores diferentes.
2. Recortem 40 tiras de papel sulfite. As tiras devem ser do mesmo tamanho.
3. Escrevam cada uma destas palavras em uma tira de papel.

afetuoso	almoço	aplauso	artesanato	atrás
azeite	balsa	bazar	beleza	berço
bezerro	buzina	caçula	canseira	coçar
conselho	conversível	crescente	dançar	defensivo
demolição	disciplina	endereço	extração	introdução
março	nascer	noção	passivo	permissão
peso	pêssego	preço	rapaz	ruidoso
sumiço	talvez	terraço	transitório	viuvez

Regras

1. Cada jogador escolhe uma cor no tabuleiro e posiciona o seu marcador na primeira casa da cor correspondente, que começa na "largada".
2. Em cada rodada, um dos jogadores pega uma tira de papel e lê a palavra para os colegas. As tiras devem estar viradas para baixo para que os jogadores não vejam o que está escrito nelas. Todos devem escrever essa palavra em uma folha à parte. Depois, o colega que leu a tira mostra a palavra, e os demais conferem se acertaram a grafia.
3. Quem acertar anda uma casa no tabuleiro. Quem errar não sai do lugar. Na rodada seguinte, será a vez de outro jogador ser o leitor, e assim sucessivamente.
4. Ganha o jogo quem completar o percurso primeiro.

Autoavaliação

Como foi seu aprendizado nesta Unidade? Reflita sobre estas perguntas. Depois, marque um **X** na opção que melhor representa seu desempenho.

1. Eu sei ler e interpretar reportagens?			
2. Eu reconheço a função da pontuação em um texto?			
3. Eu compreendo e respeito as variedades linguísticas?			
4. Eu consigo produzir uma reportagem?			
5. Eu consigo escrever palavras com **S, Z, C, Ç, X, CH, SS, SC, SÇ** e **XC**?			
6. Eu sei usar o dicionário para buscar o significado, a grafia e os sinônimos de palavras?			
7. Eu sei ler e interpretar um texto expositivo?			
8. Eu reconheço a função das preposições e sei utilizá-las em textos?			
9. Eu consigo elaborar em grupo as regras de um debate?			

Sugestão

 Para ler

- *Mandela, o africano de todas as cores*, de Alain Serres. Rio de Janeiro: Pequena Zahar, 2015.

  Nesse livro, você vai conhecer a história de Nelson Mandela, líder que lutou contra a política racista conhecida como *apartheid* na África do Sul.

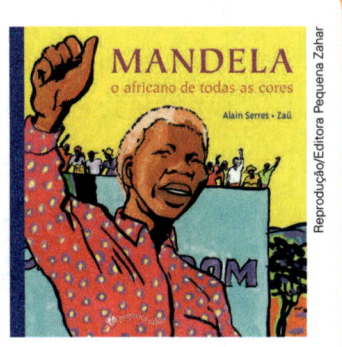

Trabalho em equipe

Diga NÃO ao preconceito!

Você já sabe da importância de praticar a cidadania e garantir que os direitos de todos os seres humanos sejam respeitados, certo?

Agora, você vai refletir sobre preconceito e discriminação, afinal, combatê-los é necessário para que todos sejam igualmente respeitados. Então, vale se perguntar: Será que, mesmo sem perceber, você tem atitudes preconceituosas?

Você e os colegas vão organizar um debate sobre o assunto e, quem sabe, rever comportamentos e opiniões. Aproveitem o planejamento que fizeram na seção **Praticando a fala e a escuta**.

Homem passando roupa.

Mulheres em jogo de futebol da seleção brasileira.

Etapas

1) Pensando sobre o tema

- Converse com os colegas sobre estas questões.

    a) Existem tarefas que devem ser realizadas exclusivamente por mulheres ou homens?

    b) Existem esportes só masculinos ou só femininos?

    c) Existem brinquedos e brincadeiras só de meninas ou só de meninos?

    d) A aula de Educação Física deve ter turmas mistas ou separadas de acordo com o gênero dos alunos?

2) Desenvolvendo o trabalho

a) Com a ajuda do professor, formem dois grupos. Cada um deverá defender uma das seguintes opiniões:

- Sim, há tarefas, esportes e brincadeiras que devem ser separados por gênero.
- Não, as tarefas, os esportes e as brincadeiras não devem ser separados por gênero.

b) Utilizem as regras combinadas na seção **Praticando a fala e a escuta** da página 136 para a organização dos modos de participação, tempos de fala, conduta e comportamento durante o debate.

c) Os colegas que não estiverem nos grupos serão a plateia do debate. Deve haver ainda um mediador, ou seja, aquele que organizará a discussão, controlando o tempo de perguntas e respostas, garantindo que o debate ocorra de acordo com as regras definidas.

d) Durante o debate, procurem utilizar uma linguagem formal, evitando ao máximo gírias, palavras e expressões como: **tipo**, **é**, **bom**, **sabe**, **então**, **assim**, etc.

e) Cada grupo pensa em argumentos para embasar a opinião que deverá defender.

f) Escolham três pessoas de cada grupo para participar do debate representando os pontos de vista de seu respectivo grupo.
- Os participantes devem ter argumentos para defender as posições do grupo, justificando-as e apresentando exemplos.
- Para desenvolver os argumentos, os participantes podem recorrer a experiências pessoais, a alguma lei sobre o assunto ou a algum fato que seja comum na sociedade.

g) O mediador inicia o debate cumprimentando a plateia e os participantes, apresenta o tema para a discussão e abre espaço para as perguntas. Por fim, cabe a ele também encerrar o debate, apresentando um rápido resumo do que foi discutido e agradecendo a presença de todos.

3 Concluindo

- Ao término do debate, discuta as questões a seguir com os colegas e o professor:
  - Como você observa a discriminação contra mulheres e homens no seu cotidiano?
  - O que você aprendeu com as discussões desenvolvidas no debate?
  - É importante reconhecer quando precisamos mudar de opinião? Explique.
  - A sua opinião continuou sendo a mesma que tinha antes do debate? Por quê?

Mulher trabalhando como frentista em posto de gasolina.

Homem cozinhando.

UNIDADE

6 Mar de emoções

Nesta Unidade, você vai:

- Analisar contos literários, descrevendo cenas, fatos e personagens.
- Identificar e aplicar pontuação expressiva.
- Refletir sobre os adjetivos e as locuções adjetivas.
- Compreender a função da interjeição.
- Recomendar um livro que tenha lido e do qual goste.
- Produzir um conto.
- Escrever uma versão de um conto.

Observe a imagem ao lado e converse com os colegas e com o professor sobre as questões a seguir.

1. Descreva o que você vê em relação:

   a) aos elementos que compõem a ilustração.

   b) às cores.

   c) aos traços.

2. Pelo modo como essa imagem foi feita, o que você pode concluir sobre quem a realizou?

3. Que sensação você tem ao olhar essa imagem?

4. Se você tivesse que escolher um som para acompanhar essa sensação, que som seria?

5. Você conhece alguma história cheia de emoções? Conte-a para os colegas e o professor.

Conto literário

1 Observe estas capas de livros.

Capa do livro *Pequenos contos para crescer*, de Mario Urbanet. Companhia das Letrinhas, 2009.

Capa do livro *Diário de um banana*, de Jeff Kinney. V & R Editoras, 2008.

Capa de *Cem dias entre céu e mar*, de Amyr Klink. Companhia das Letras, 2005.

- Com os colegas e o professor, conversem sobre estas questões.

    a) Um desses livros não é para o público infantil. Qual? E como você chegou a essa conclusão?

    b) Que recursos são usados nas capas dos livros infantis acima para chamar a atenção dos leitores?

    c) Qual desses livros você gostaria de ler? Por quê?

2 Você vai ler um conto do escritor João Anzanello Carrascoza que trata de um conjunto de sentimentos, lembranças e sensações. Essa história se passa durante uma viagem em família para a praia. Quais personagens você acredita que aparecerão na história?

- [ ] mãe
- [ ] princesa
- [ ] policial
- [ ] fada
- [ ] cegonha
- [ ] menino

- Escreva algumas palavras que você imagina que vai encontrar no texto.

Conhecendo o texto

Leia o conto a seguir e observe os recursos que o autor usou nessa história para explorar as emoções.

Aquela água toda

Era, de novo, o verão. O menino estava na alegria. Modesta, se comparada à que o esperava lá adiante. A mãe o chamou, e o irmão, e anunciou de uma vez, como se natural: iriam à praia de novo, igualzinho ao ano anterior, a mesma cidade, mas um apartamento maior, que o pai já alugara. Era uma notícia inesperada. E ao ouvi-la ele se viu, no ato, num instante azul-azul, os pés na areia fervente, o rumor da **arrebentação** ao longe, aquela água toda nos olhos, o menino no mar, outra vez, reencontrando-se, como quem pega uma concha na memória.

É verdade, mesmo?, queria saber. A mãe confirmou. O irmão a abraçou e riram alto, misturando os vivas. Ele flutuava no silêncio, de tão feliz. Nem lembrava mais que podia sonhar com o sal nos lábios, o cheiro da natureza grande, molhada, a quentura do sol nos ombros, o menino ao vento, a realidade a favor, e ele na sua **proa**...

Cris Eich/Arquivo da editora

O dia mudou de mão, um vaivém se espalhou pela casa. A mãe ia de um quarto ao outro, organizava as malas, *Vamos, vamos*, dava ordens, pedia ajuda, nem parecia responsável pela alegria que causara. O menino a obedecia: carregava caixas, pegava roupas, deixava suas coisas para depois. Temia que algo pudesse alterar os planos de viagem, e ele já se via lá, cercado de água, em seu corpo-ilha; um navio passava ao fundo, o céu lindo, quase vítreo, de se quebrar. Não, não podia perder aquele futuro que chegava, de mansinho, aos seus pés. O menino aceitava a fatalidade da alegria, como a tristeza quando o obrigava a se encolher — caracol em sua **valva**. Não iria abrir mão dela. Viver essa hora, na fabricação de outra mais feliz, ocupava-o, e ele, ancorado às antigas tradições, fazia o possível para preservá-la. A noite descia, e mais grossa se tornava a casca de sua felicidade.

> **Arrebentação:** quando as ondas do mar batem na praia, fazendo espumas.
> **Proa:** parte da frente de um navio.
> **Valva:** peça que compõe a concha dos moluscos.

Quando se deu conta, cochilava no sofá, exausto pelo esforço de preparar o dia seguinte. Esforçara-se para que, antes de dormir, a manhã fosse aquela certeza, e ela seria mesmo sem a sua pobre contribuição. Ignorava que a vida tinha a sua própria maré. O mar existia dentro de seu sonho, mais do que fora. E, de repente, sentia-se leve, a caminhar sobre as águas — o pai o levava para a cama, com seus braços de espuma.

Abriu os olhos: o sol estava ali, sólido, o carro de portas abertas à frente da casa, o irmão em sua bermuda colorida, a voz do pai e da mãe em alternância, a realidade a se espalhar, o mundo bom, o cheiro do dia recém-nascido. O menino se levantou, vestiu seu destino, foi fazer o que lhe cabia antes da partida, tomar o café da manhã, levar as malas até o carro onde o pai as ajeitava com ciência, a mãe chaveava a porta dos fundos, *Pegou sua prancha?*, ele, *Sim*, como se num dia comum, fingindo que a satisfação envelhecia nele, que se habituara a ela, enquanto lá no fundo brilhava o verão maior, da expectativa.

Partiram. O carro às tampas, o peso extra do sonho que cada um construía — seus castelos de ar. A viagem longa, o menino nem a sentiu, o tempo em ondas, ele só percebia que o tempo era o que era quando já passara, misturando-se a outras águas. Recordava-se de estar ao lado do irmão no banco de trás, depois junto ao vidro, numa calmaria tão eufórica que, para suportá-la, dormiu.

Ao despertar, saltou as horas menores — o lanche no posto de gasolina, as curvas na descida da serra, a garagem escura do edifício, o apartamento com móveis velhos e embolorados — e, de súbito, se viu de sunga segurando a prancha, a mãe a passar o protetor em seu rosto, *Sossega! Vê se fica parado!*, ele à beira de um instante inesquecível.

Ao lado do edifício, a família pegou o ônibus, um trechinho de nada, mas demorava tanto para chegar… E pronto: pisavam na areia, carregados de bolsas, cadeiras, toalhas, esteiras, cada um tentando guardar na sua estreiteza aquele aumento de felicidade. O menino, último da fila, respirava fundo a paisagem, o aroma da maresia, os olhos alagados de mar, aquela água toda. Avaro, ele se represava. Queria aquela vivência, aos poucos.

O pai demarcou o território, fincando o guarda-sol na areia. O irmão espalhou seus brinquedos à sombra. A mãe observava o menino, sabia que ele cumpria uma paixão. Não era nada demais. Só o mar. E a sua existência inevitável. Sentado na areia, a prancha aos seus pés, ele mirava os banhistas que sumiam e reapareciam a cada onda. Então, subitamente, ergueu-se, *Vou entrar!*, e a mãe, *Não vai lá no fundo!*, mas ele nem ouviu, já corria, livre para expandir seu sentimento secreto, aquela água toda pedia uma entrega maior. E ele queria se dar, inteiramente, como um homem.

Foi entrando, até que o mar, à altura dos joelhos, começou a frear o seu avanço. A água fria arrepiava. Mas era um arrepio prazeroso, o sol se derramava sobre suas costas. Deitou de peito na prancha e remou com as mãos, remou, remou, e aí a primeira onda o atingiu, forte. Sentiu os cabelos duros, o gosto de sal, os olhos ardendo. O desconforto de uma alegria superior, sem remissão, a alegria que ele podia segurar, como um líquido, na concha das mãos.

Pegou outra onda. Mergulhou. Engoliu água. Riu de sua sorte. Levou um caldo. Outro. Voltou ao raso. Arrastou-se de novo pela água, em direção ao fundo, sentindo a força oposta lhe empurrando para trás. Estava leve, num contentamento próprio do mar, que se escorria nele, o mar, também egoísta na sua vastidão. Um se molhava na substância do outro, era o reconhecimento de dois seres que se delimitam, sem saber seu tamanho.

O menino retornou à praia, gotejando orgulho. O sal secava em sua pele, seu corpo luzia — ele, numa tranquila agitação. E nela se manteve sob o guarda-sol com o irmão. Até que decidiu voltar à água, numa nova entrega.

Cortou ondas, e riu, e boiou, e submergiu. Era ele e o mar num reencontro que até doía pelo medo de acabar. Não se explicavam, um ao outro; apenas se davam a conhecer, o menino e o mar. E, naquela mesma tarde, misturaram-se outras vezes. A mãe suspeitava daquela saciedade: ele nem pedira sorvete, milho-verde, refrigerante. O menino comia a sua vivência com gosto, distraído de desejos, só com a sua vontade de mar.

Quando percebeu, o sol era suave, a praia se despovoara, as ondas se encolhiam. *Hora de ir*, disse o pai e começou a apanhar as coisas. A família seguiu para a avenida, o menino lá atrás, a pele salgada e quente, os olhos resistiam em ir embora. No ônibus, sentou-se à janela, ainda queria ver a praia, atento à sua paixão. Mas, à frente, surgiam prédios, depois casas, prédios novamente, ele ia se diminuindo de mar. O embalo do ônibus, tão macio... Começou a sentir um torpor agradável, os braços doíam, as pernas pesavam, ele foi se aquietando, a cabeça encostada no vidro...

Então aconteceu, finalmente, o que ele tinha ido viver ali de maior. Despertou assustado, o cobrador o sacudia abruptamente, *Ei, garoto, acorda! Acorda, garoto!*, um zunzunzum de vozes, olhares, e ele sozinho no banco do ônibus, entre os caiçaras, procurando num misto de incredulidade e medo a mãe, o pai, o irmão — e nada. Eram só faces estranhas.

Levantou-se, rápido no seu desespero, *Seus pais já desceram*, o cobrador disse e tentou acalmá-lo, *Desce no próximo ponto e volta!* Mas o menino pegou a realidade às pressas e, afobado, se meteu nela de qualquer jeito. Náufrago, ele se via arrastado pelo instante, intuindo seu desdobramento: se não saltasse ali, se perderia na cidade aberta. Só precisava voltar ao raso, tão fundo, de sua vidinha...

Esgueirou-se entre os passageiros, empurrando-os com a prancha. O ônibus parou, aos trancos. O cobrador gritou, *Desce, desce aí!* O menino nem pisou nos degraus, pulou lá de cima, caiu sobre um canteiro na beira da praia. Um **búzio** solitário, quebradiço. Saiu correndo pelo calçadão, os cabelos de sal ao vento, o coração no escuro. Notou com alívio, lá adiante, o pai que acenava e vinha, em passo acelerado, em sua direção. Depois... depois não viu mais nada: aquela água toda em seus olhos.

Búzio: tipo de molusco que fica em conchas grandes.

João Anzanello Carrascoza. *Aquela água toda*. Cosac Naify: São Paulo, 2012. p. 7-11.

João Anzanello Carrascoza nasceu em Cravinhos, no interior de São Paulo. É escritor, publicitário e professor universitário. Seu primeiro livro de contos, *Hotel Solidão*, foi publicado em 1994 e, desde então, ele publicou muitas outras obras entre contos e romances.

Interpretação, linguagem e construção do texto

1 Sobre o que trata o conto?

2 Quem é o narrador da história?

3 Onde se passam os acontecimentos do conto?

4 É possível saber quando a história acontece?

5 Quais são os principais acontecimentos da história? Converse com os colegas e o professor e façam uma lista em conjunto na lousa.

6 Releia este trecho do conto.

> A mãe o chamou, e o irmão, e anunciou de uma vez, como se natural: iriam à praia de novo [...] E ao ouvi-la ele se viu, no ato, num instante azul-azul, os pés na areia fervente, o rumor da arrebentação ao longe, aquela água toda nos olhos, o menino no mar, outra vez, reencontrando-se, como quem pega uma concha na memória. [...] Ele flutuava no silêncio, de tão feliz. Nem lembrava mais que podia sonhar com o sal nos lábios, o cheiro da natureza grande, molhada, a quentura do sol nos ombros, o menino ao vento, a realidade a favor, e ele na sua proa...

a) Assim que recebe a notícia da viagem, o menino recorre à memória e se imagina na praia. Que sensações físicas ele associa a essa lembrança?

b) O modo como essa lembrança é apresentada dá a entender que o menino ficou feliz com a notícia?

c) Nesse trecho, a frase "Ele flutuava no silêncio, de tão feliz." significa que o menino:

☐ ficou em silêncio porque não sabia o que dizer para a mãe, já que ele não estava feliz.

☐ ficou tão feliz com a notícia que foi transportado para longe por meio das lembranças, sonhando com a viagem, distraído no pensamento.

d) Em sua opinião, a que a expressão "aquela água toda nos olhos" se refere nesse contexto?

_____

_____

7 A descrição do ambiente é importante nessa história? Por quê?

_____

_____

_____

8 Apesar de o ambiente ser descrito com muitos detalhes, isso não acontece com as personagens: as características físicas e o nome delas não são apresentados. Em sua opinião, isso aproxima ou distancia o leitor das personagens? Por quê? Converse com os colegas.

9 Alguns trechos do conto foram escritos de forma poética, com muitas comparações que levam o leitor a imaginá-las de diversas maneiras. Explique com suas palavras o que os trechos a seguir podem significar.

Dica: Localize esses trechos no texto e releia as frases que vêm antes e depois deles. Pelo contexto, fica mais fácil imaginar o significado.

a) O dia mudou de mão, um vaivém se espalhou pela casa.

_____

_____

b) A noite descia, e mais grossa se tornava a casca de sua felicidade.

_____

_____

150 UNIDADE 6

c) Era ele e o mar num reencontro que até doía pelo medo de acabar.

d) [...] os olhos resistiam em ir embora.

- Alguma outra passagem do texto chama a sua atenção por seu caráter poético? Em caso afirmativo, mostre-a aos colegas e conversem sobre os possíveis significados do trecho.

10. A relação entre o ser humano e o mar ou a praia é um tema bastante explorado em produções artísticas em muitas culturas e por meio de diferentes linguagens. Observe esta reprodução de uma pintura do artista espanhol Pablo Picasso.

Pablo Picasso. *Banhistas com bola na praia*, 1928 (óleo sobre tela).

- Converse com os colegas e o professor sobre as questões a seguir.

   a) O que a pintura retrata?

   b) Que sensação essa obra lhe transmite e por quê? Todos os colegas têm a mesma percepção?

   c) Que semelhanças e diferenças vocês veem entre essa pintura de Pablo Picasso e o conto "Aquela água toda"? E no efeito que elas provocam no leitor?

11 Releia este outro trecho do conto.

> Então aconteceu, finalmente, o que ele tinha ido viver ali de maior. Despertou assustado, o cobrador o sacudia abruptamente, *Ei, garoto, acorda! Acorda, garoto!*, um zunzunzum de vozes, olhares, e ele sozinho no banco do ônibus, entre os caiçaras, procurando num misto de incredulidade e medo a mãe, o pai, o irmão — e nada. [...] Mas o menino pegou a realidade às pressas e, afobado, se meteu nela de qualquer jeito. Náufrago, ele se via arrastado pelo instante, intuindo seu desdobramento: se não saltasse ali, se perderia na cidade aberta. Só precisava voltar ao raso, tão fundo, de sua vidinha…

a) O que acontece de diferente nesse momento da história do menino? Que conflito o trecho apresenta? Converse com os colegas e anote suas conclusões.

_____
_____

b) Por que o menino se distanciou dos familiares?

☐ Porque quis voltar à praia.

☐ Porque dormiu e não viu a família descer do ônibus.

c) O narrador afirma que, no ônibus, aconteceu o que o menino tinha ido "viver ali de maior". Como você entende essa afirmação? O que o menino teria ido viver na praia e aconteceu no ônibus? Converse com os colegas e o professor.

d) Por que o narrador afirma que o menino "pegou a realidade às pressas"?

_____
_____
_____

e) Para marcar a sensação de perigo e medo da personagem, foram usadas expressões como **náufrago**, **arrastado**, **cidade aberta** e **voltar ao raso, tão fundo**. A que essas expressões remetem?

_____
_____
_____

12 Releia o último parágrafo do texto. Que relação ele tem com o título do conto? Como você explicaria os significados que esse título pode ter considerando toda a história?

_____

_____

_____

13 Que passagem do conto você achou mais emocionante? Circule-a no texto e explique sua escolha aos colegas.

14 O conto apresenta memórias e sensações prazerosas da personagem: a lembrança de uma viagem, a emoção de pisar na areia, de olhar o mar, de entrar na água... E você, já viveu alguma situação que, quando vem à memória, provoca sensações parecidas? Conte para os colegas.

15 Você gostou do conto? Você o indicaria para alguém ou leria outros contos do autor? Por quê?

_____

_____

Bloco de notas

Conto literário

Converse com o professor e os colegas sobre as principais características dos contos literários, presentes no conto que leu. Registre essas características.

_____

_____

_____

_____

Refletindo sobre a língua

1 Releia este trecho do conto "Aquela água toda".

> Foi entrando, até que o mar, à altura dos joelhos, começou a frear o seu avanço. A água fria arrepiava. Mas era um arrepio prazeroso, o sol se derramava sobre suas costas. Deitou de peito na prancha e remou com as mãos, remou, remou, e aí a primeira onda o atingiu, forte. Sentiu os cabelos duros, o gosto de sal, os olhos ardendo. O desconforto de uma alegria superior, sem remissão, a alegria que ele podia segurar, como um líquido, na concha das mãos.

- Agora, compare-o com este.

> Foi entrando, até que o mar, à altura dos joelhos, começou a frear o seu avanço. A água arrepiava. Mas era um arrepio, o sol se derramava sobre suas costas. Deitou de peito na prancha e remou com as mãos, remou, remou, e aí a primeira onda o atingiu, forte. Sentiu os cabelos, o gosto, os olhos ardendo. O desconforto de uma alegria, sem remissão, a alegria que ele podia segurar, como um líquido, na concha.

a) Que palavras e expressões do primeiro trecho não aparecem no segundo?

b) Que diferença você notou na leitura dos trechos lidos, considerando a exclusão dessas palavras? O segundo trecho provoca as mesmas sensações que o primeiro? Por quê? Converse com os colegas e o professor.

c) No texto, os termos **fria** e **prazeroso** foram usados para descrever a água do mar e o arrepio que o menino sentiu ao entrar no mar. Que outras palavras poderiam ser usadas com esse mesmo objetivo e transmitindo a mesma ideia?

2 Grife os adjetivos usados no trecho abaixo.

> Ao despertar, saltou as horas menores — o lanche no posto de gasolina, as curvas na descida da serra, a garagem escura do edifício, o apartamento com móveis velhos e embolorados — e, de súbito, se viu de sunga segurando a prancha, a mãe a passar o protetor em seu rosto, *Sossega! Vê se fica parado!*, ele à beira de um instante inesquecível.

UNIDADE 6

3 Releia este trecho e observe as palavras destacadas.

> Abriu os olhos: o sol estava ali, sólido, o carro de portas abertas à frente da casa, o irmão em sua bermuda colorida, a voz **do pai e da mãe** em alternância, a realidade a se espalhar, o mundo bom, o cheiro do dia recém-nascido. O menino se levantou, vestiu seu destino, foi fazer o que lhe cabia antes da partida, tomar o café **da manhã**, levar as malas até o carro onde o pai as ajeitava com ciência [...]

a) Circule os substantivos a que as expressões destacadas se referem.

b) Que adjetivo pode substituir a expressão **da manhã** sem mudar seu sentido?

☐ amanhecendo   ☐ manhãzinha   ☐ matinal

■ Reescreva a frase fazendo essa substituição.

_____

_____

No exemplo que você viu, a expressão **da manhã** tem a mesma função do adjetivo **matinal**.
Expressões desse tipo, em que duas ou mais palavras desempenham juntas a função de um adjetivo, são chamadas de **locuções adjetivas**.

c) Que adjetivos substituiriam as locuções adjetivas **do pai** e **da mãe**?

_____

4 Substitua as locuções adjetivas pelos adjetivos correspondentes. Veja o exemplo.

> olhar de espanto → olhar espantado

raio de sol _____

bolsa de cor prata _____

olhar de mãe _____

jogos na água _____

Descobertas sobre a escrita

1 Releia este trecho do conto "Aquela água toda".

> Não, não podia perder aquele futuro que chegava, de mansinho, aos seus pés. O menino aceitava a fatalidade da alegria, como a tristeza quando **o** obrigava a se encolher — caracol em sua valva. Não iria abrir mão dela.

a) A que se refere o termo destacado?

☐ o menino   ☐ a tristeza   ☐ a alegria

b) Agora, reescreva a frase substituindo o termo destacado.

c) No trecho original, o que o uso do termo **o** evitou?

2 Agora, observe este outro trecho e o termo destacado.

> Era uma notícia inesperada. E ao ouvi-**la** ele se viu, no ato, num instante azul-azul, os pés na areia fervente, o rumor da arrebentação ao longe, aquela água toda nos olhos, o menino no mar, outra vez, reencontrando-se, como quem pega uma concha na memória.

■ Nesse trecho, a que se refere o termo **la** destacado?

Nos exemplos que você viu, o termo **o** representa **o menino** e complementa o verbo **obrigava**, e o termo **la** representa **a notícia** e complementa o verbo **ouvir**. Eles são, portanto, duas formas de pronomes pessoais.

São pronomes pessoais que complementam verbos os termos **o, a, os, as**. Quando esses pronomes complementam verbos terminados em **r, s** e **z**, eles assumem as formas **lo, la, los, las**. Observe:

Empurrav**a** os passageiros com a prancha. ⟶ Empurrava-**os**.
Fazia de tudo para preserva**r** a hora. ⟶ Fazia de tudo para preservá-**la**.

UNIDADE 6

3 Preencha as lacunas substituindo as palavras destacadas. Observe o exemplo.

a) A família visitou o **mar**.

A família _____ o _____ visitou.

b) A mãe pediu ao menino para arrumar **a mala**.

A mãe pediu ao menino para arrumá-_____.

c) A família adorava **a praia**.

A família _____ adorava.

d) O menino encontrou **os familiares**.

O menino _____ encontrou.

Diversão em palavras

■ Vamos jogar *Stop!* de uma maneira diferente? Observe este exemplo.

programa **de criança** → programa **infantil**

substantivo   locução adjetiva   substantivo   adjetivo

a) Ao sinal do professor, você deverá reescrever os itens da cartela abaixo substituindo as locuções adjetivas por adjetivos, como no exemplo que observou.
b) Quando o professor disser *Stop!*, pare de escrever.
c) Ganhará o jogo quem escrever corretamente o maior número de adjetivos.

cratera da Lua _____

chuva da manhã _____

bife com pimenta _____

leite com chocolate _____

faixa de idade _____

d) Confira as respostas com os colegas e descubram quem ganhou!

Refletindo sobre a língua

1 Releia este trecho do conto "Aquela água toda".

> Sentado na areia, a prancha aos seus pés, ele mirava os banhistas, que sumiam e reapareciam a cada onda. Então, subitamente, ergueu-se, *Vou entrar!*, e a mãe, *Não vai lá no fundo!*, mas ele nem ouviu, já corria, livre para expandir seu sentimento secreto [...]

a) Agora, pinte de:

   🟦 as partes do texto que são a voz do narrador.

   🟨 as partes do texto que são falas das personagens.

b) Que recurso foi usado para indicar as falas das personagens?

_____

c) É possível saber qual é a fala do menino e qual é a fala da mãe? Como?

_____

_____

■ Com os colegas e o professor, façam uma leitura conjunta do texto completo e procurem identificar de quais personagens são todas as falas do conto.

d) Que sinal de pontuação indica a entonação dessas falas, ou seja, a maneira como elas teriam sido pronunciadas pelas personagens?

☐ exclamação ☐ vírgula ☐ interrogação

■ Esse recurso ajuda a perceber a emoção das personagens? Explique.

_____

_____

> Quando falamos, os gestos, a entonação e as expressões facial e corporal nos ajudam a transmitir ideias e sentimentos. Ao escrever, podemos usar sinais de pontuação ou outros recursos gráficos para transmitir isso.

Praticando a fala e a escuta

Agora, você vai apresentar uma sugestão de leitura aos seus colegas de turma. Escolha um livro que tenha lido e do qual tenha gostado muito para indicar a eles.

1. **Planejamento**

    a) Escolha o livro que você vai recomendar.

    b) Prepare sua fala e faça anotações que possam ajudá-lo no dia de sua apresentação.

    c) Para não ficar cansativo, o professor vai agendar as apresentações, de modo que, a cada dia, dois alunos façam a sua sugestão de leitura.

    d) Relembre a história do livro e anote quais foram os principais acontecimentos.

    e) Lembre-se de não anotar detalhes nem o final da história, para não estragar a leitura dos colegas. Organize sua fala para revelar apenas alguns aspectos que deixarão o ouvinte interessado na leitura do livro.

    f) Para enriquecer sua apresentação, procure conhecer alguns dados sobre a vida do autor para compartilhar com os colegas.

2. **Ensaio**

    a) Treine sua fala em casa com pessoas de sua família e peça que deem sugestões para melhorar sua apresentação.

    b) Você pode treinar também diante do espelho. Lembre-se de usar gestos para enriquecer sua atuação e atrair a atenção dos colegas.

3. **Apresentação**

    a) Memorize o nome do autor e o título do livro, para melhor explorar a capa quando mostrá-la aos colegas. Lembre-se de apresentar algumas informações sobre a vida do autor.

    b) Fale da importância do livro para você e por que você o está indicando.

    c) Depois, conte (sem ler) parte da história, omitindo o clímax e o final.

Claudia Marianno/Arquivo da editora

d) Atente-se ao seu tom de voz. Ele precisa ser adequado para que todos possam ouvi-lo. Fale as palavras claramente para que todos possam compreender o conteúdo de sua exposição.

e) Use gestos, movimentos e expressões faciais que combinem com o que está sendo contado.

f) Durante a apresentação dos colegas, preste atenção e, caso tenha dúvidas, não os interrompa. Anote-as e as exponha quando a fala deles terminar.

g) Se os colegas fizerem alguma pergunta no final de sua apresentação, responda, mas sem contar toda a história. Lembre-se de que seu objetivo é fazer deles possíveis leitores do livro que você recomendou.

4. **Avaliação**

- Avalie sua apresentação com base nas perguntas do quadro a seguir.

- Mostrei a capa do livro escolhido e apresentei os dados sobre ele?
- Apresentei algumas informações sobre o autor?
- Expliquei a importância do livro e por que o indiquei?
- Contei de forma memorizada partes da história do livro e omiti o clímax e o final?
- Falei com tom de voz adequado e de modo compreensível ao público?
- Usei movimentos e expressões faciais para enriquecer a apresentação?
- Respeitei os colegas durante a apresentação deles?

Conhecendo outros textos

Agora, você vai ler outro conto que também transmite emoção, mas de um jeito diferente.

A disciplina do amor

Foi na França, durante a Segunda Guerra Mundial. Numa pequena cidade um jovem tinha um cachorro que todos os dias, pontualmente, ia esperá-lo voltar do trabalho. Postava-se na esquina, um pouco antes das seis da tarde. Assim que via o dono, ia correndo ao seu encontro e na maior alegria acompanhava-o com seu passinho saltitante de volta à casa. A vila inteira já conhecia o cachorro e as pessoas que passavam faziam-lhe festinhas e ele correspondia, chegava a correr todo animado atrás dos mais íntimos. Para logo voltar atento ao seu posto e ali ficar sentado até o momento em que seu dono apontava lá longe. Mas eu avisei que o tempo era de guerra, o jovem foi convocado. Pensa que o cachorro deixou de esperá-lo? Continuou a ir diariamente até a esquina, fixo o olhar ansioso naquele único ponto, a orelha em pé, atenta ao menor ruído que pudesse indicar a presença do dono bem-amado. Assim que anoitecia, ele voltava para casa e levava sua vida normal de cachorro até chegar o dia seguinte. Então, disciplinadamente, como se tivesse um relógio preso à pata, voltava a seu posto de espera. O jovem morreu num bombardeio, mas no pequeno coração do cachorro não morreu a esperança. Quiseram prendê-lo, distraí-lo. Tudo em vão. Quando ia chegando aquela hora, ele disparava para o compromisso assumido, todos os dias. Todos os dias. Com o passar dos anos (a memória dos homens!), as pessoas foram se esquecendo do jovem soldado que não voltou. Casou-se a noiva com um primo. Os familiares voltaram-se para outros familiares. Os amigos, para outros amigos. Só o cachorro já velhíssimo (era jovem quando o jovem partiu) continuou a esperá-lo na sua esquina. As pessoas estranhavam, mas quem esse cachorro vem esperar todos os dias?. Uma tarde (era inverno) ele lá ficou caído na esquina, o focinho voltado para *aquela* direção.

Lygia Fagundes Telles. *A disciplina do amor*. São Paulo: Companhia das Letras, 2010.

Considerada uma das mais importantes escritoras brasileiras, **Lygia Fagundes Telles** publicou seu primeiro livro ainda na adolescência. Foi eleita para a Academia Brasileira de Letras e recebeu diversos prêmios literários.

Interpretação, linguagem e construção do texto

1) Identifique no texto estes elementos.

   a) Personagem principal.

   ☐ O cachorro.

   ☐ O jovem dono do cachorro.

   ☐ Os moradores da vila.

   b) Quando ocorreu a história narrada?

   ☐ Nos anos 1980.

   ☐ Nas férias do dono do cachorro.

   ☐ Durante a Segunda Guerra Mundial.

   c) Onde ocorreu?

   ☐ Na Alemanha.   ☐ Na França.   ☐ No Brasil.

2) Qual é a relação entre o cachorro e o dono?

   _____

   _____

3) Releia o trecho.

   Mas **eu** avisei que o tempo era de guerra, o jovem foi convocado.

   a) Quem é este "eu" que aparece no trecho? Ele participa da história?

   _____

   b) Ele dá esse aviso para quem?

   _____

4) O que acontece com o dono do cachorro?

   _____

5 Releia este trecho.

> [...] as pessoas que passavam **faziam-lhe festinhas** e ele correspondia, chegava a correr todo animado atrás dos mais íntimos.

a) Que sentido tem a expressão destacada? Reescreva o trecho utilizando outras palavras que expressem o mesmo sentido.

_____

_____

_____

b) Explique o significado da expressão **mais íntimos** nesse trecho.

_____

6 O que significa o trecho destacado abaixo?

> [...] Então, disciplinadamente, **como se tivesse um relógio preso à pata**, voltava a seu posto de espera.

☐ Que o cachorro tinha uma mancha parecida com um relógio na pata.

☐ Que o cachorro era pontual.

☐ Que o cachorro sabia ver as horas.

7 O que o cão demonstrou ao esperar pelo dono até o fim da vida?

_____

_____

8 Encontre e circule no conto um trecho que revela a passagem do tempo.
- Que elementos do trecho mostram que o tempo passou? Converse com os colegas.

9 Por que as pessoas estranhavam o comportamento do cachorro e perguntavam o que ele esperava todos os dias?
- E você, também estranha o comportamento do cachorro? Compartilhe sua opinião com os colegas.

10 Releia este trecho do conto.

> Uma tarde (era inverno) ele lá ficou caído na esquina, o focinho voltado para aquela direção.

a) O que aconteceu com o cachorro?

_____

b) Qual era "aquela direção"?

_____

11 Que momento da história você achou mais emocionante? Por quê? Conte para os colegas.

12 Leia novamente o início do conto.

> Foi na França, durante a Segunda Guerra Mundial. Numa pequena cidade um jovem tinha um cachorro que todos os dias, pontualmente, ia esperá-lo voltar do trabalho. Postava-se na esquina, um pouco antes das seis da tarde. Assim que via o dono, ia correndo ao seu encontro [...]

Gustavo Grazziano/Arquivo da editora

a) Circule as palavras ou expressões que indicam lugar.

b) Sublinhe as palavras ou expressões que indicam tempo.

c) Pinte as palavras que foram usadas para evitar a repetição de **jovem**.

13 Copie do texto outras palavras usadas pela autora no lugar de **dono**.

_____

14 Há um ditado popular que diz: "O cachorro é o melhor amigo do homem". Em sua opinião, o conto que você leu serve para confirmar o que diz o ditado? Por quê?

_____

15 Você tem ou gostaria de ter algum animal de estimação? Se sim, qual?

- Como é ou como você imagina que seria sua relação com ele?

164 UNIDADE 6

Vamos falar sobre...

Amizade

Ao longo da vida, vivemos muitas emoções, e grande parte delas é ao lado de amigos. Fazemos amigos na escola, no bairro onde moramos, quando viajamos, etc.

Costuma-se dizer que amigos devem ser cultivados, mesmo que sejam muito diferentes de nós, pois com eles aprendemos e ensinamos coisas importantes.

- Reflita sobre as questões a seguir e, depois, converse com os colegas.
    - a) Como são seus amigos? Que qualidades eles têm e que você admira?
    - b) Qual é a sua maior qualidade como amigo?
    - c) Qual é a importância de seus amigos para você?

Entre linhas e ideias

Você vai produzir um conto para uma coletânea da turma. O livro poderá ser levado para a casa dos colegas e mostrado aos familiares ou ser doado à biblioteca da escola.

1. **Planejamento**

    a) Leia a situação a seguir.

    > Você ganhou um animal de estimação que, com o tempo, tornou-se um de seus melhores amigos. Certo dia, você se envolveu em um grande problema, e seu amigo estava lá para ajudá-lo quando...

    b) Pense em uma continuação para a história e liste os possíveis acontecimentos.

2. **Primeira versão**

    a) Organize as ideias em parágrafos. Se houver diálogos, não se esqueça do travessão para introduzir a fala das personagens.

    b) No primeiro parágrafo, descreva, com o uso de adjetivos e locuções adjetivas, as cenas e as personagens de sua narrativa.

    c) Utilize palavras e expressões que ajudem a relacionar as partes do texto, dando sentido à narrativa. A lista a seguir pode ajudá-lo.

    - **Tempo**: logo que, quando, assim que, depois, sempre, toda vez que.
    - **Oposição**: mas, porém, contudo, todavia, entretanto.
    - **Conclusão**: logo, portanto, pois.

d) Use pronomes ou outras palavras para evitar repetições.

e) Crie um clímax e depois conclua o texto resolvendo o problema em que a personagem se envolveu.

f) Crie um título para o conto.

3. **Revisão**

   a) Releia o texto e o avalie com base no quadro a seguir.

   - As cenas e as personagens foram descritas em detalhes, com uso de adjetivos e locuções adjetivas?
   - Há um clima de amizade entre as personagens (pessoa que conta a história e o animal de estimação)?
   - A pontuação empregada ressalta esse clima?
   - O conto apresenta um clímax?
   - No desfecho, o problema em que se envolveu a personagem principal foi resolvido?
   - O texto está organizado em parágrafos?
   - As ideias estão ordenadas e bem articuladas?
   - Há travessão marcando as falas das personagens?
   - O conto tem um título?

   b) Depois de corrigir ou melhorar seu texto, passe-o a limpo em uma folha à parte. Não se esqueça de colocar seu nome como autor do texto.

4. **Versão final**

   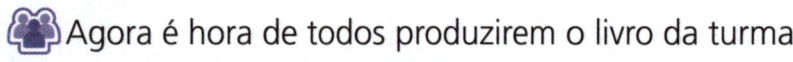Agora é hora de todos produzirem o livro da turma!

   a) Para a primeira página do livro, escrevam, com o professor, uma apresentação informando o que a obra contém. Coloquem a data da publicação.

   b) Na segunda página, organizem um sumário com o título de todas as histórias e o número da página em que elas se encontram.

   c) Escolham um título para o livro, façam um desenho ou selecionem uma ilustração para a capa.

   d) Se possível, combinem com o professor um momento para a digitação e a edição dos textos, da capa, do sumário e para a digitalização das ilustrações. Salvem a versão final e, se possível, postem no blogue ou *site* da escola.

   e) Imprimam a versão física do livro e decidam como vão divulgá-lo.

Refletindo sobre a língua

1 Releia este trecho do conto "A disciplina do amor".

> [...] Quando ia chegando aquela hora, ele disparava para o compromisso assumido, todos os dias. **Todos os dias**.

a) Por que a expressão **todos os dias** foi repetida? Que ideia essa repetição transmite para o leitor?

_____

_____

b) Observe o mesmo trecho reescrito de outra maneira.

> Quando ia chegando aquela hora, ele disparava e latia sem parar como se gritasse para o seu dono: **Cuidado!**

■ Que emoção é transmitida ao leitor nesse trecho?

_____

2 Leia e relacione as expressões abaixo à emoção que elas transmitem.

Oh! Como está lindo!

Fora daqui!

Ai, ai, ai! Meu dedinho...

Oba!

Ufa!

Uau!

Vamos! Olha a hora!

Hein?!

Viva!

dor

alívio

entusiasmo

alegria, contentamento

admiração

dúvida

aplauso

pressa

raiva, rancor, inconformismo

Ilustrações: Claudia Marianno/Arquivo da editora

Palavras como **Ah!**, **Hein!**, **Cuidado!** são chamadas de **interjeições**.
Interjeições são palavras que exprimem emoções, sensações, estado de espírito. Quase sempre são seguidas de ponto de exclamação.

3 Escreva a interjeição que você usaria em cada um destes casos.

a) Se você encontrasse um gato querendo abocanhar um passarinho.

b) Se alguém lhe fizesse uma surpresa e preparasse seu prato favorito.

c) Se escutasse um barulho assustador no meio da noite.

4 Agora, complete as frases com as interjeições adequadas:

_____ Quem está falando?

_____ Aquela moça está se afogando!

5 Reescreva os trechos, substituindo as expressões em destaque por interjeições. Veja um exemplo:

> **Cuide-se!** Não corra tanto! — advertiu a mulher ao motorista.
> **Cuidado!** Não corra tanto! — advertiu a mulher ao motorista.

Faça silêncio! Estamos em um hospital!

Que alívio! Consegui chegar ao cinema antes do início do filme — disse o jovem, aliviado.

6 Observe as interjeições do quadro.

| oxente | psiu | uai | puxa | nossa | ué | olá |

- Agora, complete as lacunas com a interjeição que considerar adequada.

   _____! Você não se lembra de mim?

   _____! Como você cresceu!

   Não estou entendendo, _____!

7 Reúna-se com os colegas e o professor e leiam estas frases.

> O carro, **vrummmmmm**, passou em alta velocidade!
> **Credo**! Nunca mais vou ver filme de terror!

a) O que as palavras destacadas representam em cada frase?

_____

b) Uma dessas palavras é uma interjeição e a outra, uma onomatopeia. Considerando o que você estudou até aqui, qual delas é a interjeição?

_____

 c) Com base nesses exemplos, qual é a diferença entre interjeição e onomatopeia? Converse com os colegas e o professor.

8 Observe a cena e escreva uma interjeição para cada balão de fala e uma onomatopeia para o barulho da água da piscina.

Bloco de notas

Interjeição

Complete a frase.

As palavras que expressam .... são chamadas de interjeições.

9 Leia esta tirinha.

Fernanda Nia. Disponível em: <www.comoeurealmente.com/2016/06/linguagem-felina.html>. Acesso em: 22 maio 2018.

a) No primeiro quadro da tirinha está dito que as pessoas ouvem somente o mesmo tipo de miado. A representação do som emitido pelo gato é:

☐ uma onomatopeia.

☐ uma interjeição

b) Qual é a diferença entre o miado do gato no primeiro e no segundo quadro?

....

....

c) Por que no terceiro quadro a fala do gatinho se parece com a fala humana?

10 No conto de Lygia Fagundes Telles e na tirinha acima, os animais se comunicam como se fossem humanos. Você acredita que os animais manifestam sentimentos? Você viveu alguma situação em que conseguiu compreender aquilo que um animal estava expressando? Conte sua experiência para os colegas.

Entre linhas e ideias

Você vai escrever uma versão do conto "A disciplina do amor", que será exposto em um mural para ser lido pelos colegas da turma. Para se preparar, leia um trecho do livro *Quase de verdade*, de Clarice Lispector.

> Era uma vez... Era uma vez: eu!
>
> Mas aposto que você não sabe quem eu sou. Prepare-se para uma surpresa que você nem adivinha.
>
> Sabe quem eu sou? Sou um cachorro chamado Ulisses e minha dona é Clarice. [...]
>
> E a história?
>
> Bem, ela se inicia no enorme quintal de uma senhora chamada Oniria. [...]

Clarice Lispector. *Quase de verdade*. Rio de Janeiro: JPA, 2011.

Você observou que a história é contada por um cachorro?

Antes de começar a contar o que aconteceu no quintal da senhora Oniria, o cachorro (narrador) se apresenta para o leitor:

> Sabe quem eu sou? Sou um cachorro chamado Ulisses e minha dona é Clarice. [...]

Nesta atividade, a proposta é recontar a história que você conheceu de Lygia Fagundes Telles, mas mudando o ponto de vista do narrador, que será o cachorro, como no trecho que você acabou de ler.

Vamos ver um exemplo.

1. **Planejamento**

    a) Imagine como Lygia Fagundes Telles escreveria o conto "A disciplina do amor" usando o mesmo recurso que Clarice Lispector. Releia este trecho e imagine as alterações que seriam necessárias.

    > Foi na França, durante a Segunda Guerra Mundial. Numa pequena cidade um jovem tinha um cachorro que todos os dias, pontualmente, ia esperá-lo voltar do trabalho. Postava-se na esquina, um pouco antes das seis da tarde. Assim que via o dono, ia correndo ao seu encontro e na maior alegria acompanhava-o com seu passinho saltitante de volta à casa.

b) Agora, leia esta sugestão de como ficaria o trecho se a história tivesse sido contada do ponto de vista do cachorro.

> Foi na França, durante a Segunda Guerra Mundial. Meu dono era um jovem, e eu, todos os dias, pontualmente, ia esperá-lo voltar do trabalho. Postava-me na esquina, um pouco antes das seis da tarde. Assim que o via, ia correndo ao seu encontro e, na maior alegria, acompanhava-o com meu passinho saltitante de volta à casa.

2. **Primeira versão**

    ■ Agora é sua vez! Em uma folha à parte, reconte o restante do texto, imaginando que o cachorro é o narrador. Siga este roteiro para organizar suas ideias.

    a) Que pronomes você vai usar para indicar que o cachorro é o narrador?

    b) Em que situações poderá usar interjeições para despertar emoções em seu leitor, que será um colega da turma?

    c) Qual será o clímax da história na visão do cachorro?

3. **Revisão**

    a) Troque seu texto com o de um colega para que cada um leia o texto do outro. O quadro a seguir vai ajudá-los nessa leitura.

    - O foco narrativo foi alterado, ou seja, a história é contada do ponto de vista do cachorro?
    - As cenas foram descritas com detalhes, usando adjetivos e locuções adjetivas?
    - Há clímax na história?
    - Foram utilizadas interjeições para expressar emoções?

    b) Escreva dicas ao colega sobre como ele pode melhorar o texto. Leia com atenção as sugestões que ele escreveu para você. Fique atento para o uso da pontuação, para a combinação dos substantivos e pronomes com os verbos e a grafia das palavras.

4. **Versão final**

    a) Passe seu texto a limpo, fazendo as alterações necessárias. Crie um desenho ou faça uma colagem para ilustrar seu conto.

    b) No dia combinado com o professor, montem um mural com as produções da turma. Assim, todos conhecerão as histórias recontadas pelos colegas.

Autoavaliação

Como foi seu aprendizado nesta Unidade? Reflita sobre estas perguntas. Depois, marque um **X** na opção que melhor representa seu desempenho.

	😃	🤔	😕
1. Eu analiso contos literários descrevendo cenas, fatos e personagens?			
2. Eu identifico e sei usar pontuação expressiva?			
3. Eu enriqueço meus textos usando adjetivos ou locuções adjetivas?			
4. Eu sei identificar e usar as interjeições?			
5. Eu sei recomendar um livro para um colega?			
6. Eu consigo produzir um conto?			
7. Eu consigo escrever uma versão de um conto mudando o ponto de vista do narrador?			

Sugestões

 Para ler

- *4 contos*, de e. e. cummings. São Paulo: Cosac & Naify, 2014.

  Este livro apresenta histórias escritas pelo poeta para sua filha e para seu neto. Os temas giram em torno da família, do amor, do nascimento e da amizade.

- *Longe é um lugar que não existe*, de Richard Bach. Rio de Janeiro: Record, 2012.

  A menina Rae Hansen vai completar cinco anos e convidou para sua festa o amigo Richard. Ela o espera, mesmo sabendo que ele mora além dos desertos, das tempestades e das montanhas. Será que ele conseguirá comparecer à festa da amiga?

UNIDADE

7
Literatura no varal

Nesta Unidade, você vai:

- Ler cordéis, observando sua estrutura.
- Produzir um cordel.
- Declamar um cordel.
- Refletir sobre os advérbios e seu uso.
- Substituir palavras por antônimos.

Observe a imagem ao lado e converse com os colegas e o professor sobre as questões a seguir.

1. O que você vê na imagem?

2. Você conhece alguns desses instrumentos? Quais?

3. Com esses instrumentos, que tipo de música se pode tocar?

4. Você identifica que região do Brasil essas pessoas representam? Se a resposta for afirmativa:

   a) Que região é essa?

   b) Como você fez essa identificação?

5. Em que época do ano ocorreria a cena retratada nessa imagem? Como você descobriu isso?

6. O que significa **pífanos**? Procure no dicionário e converse com o professor a respeito.

7. Que técnica foi usada para produzir a imagem? O que você sabe sobre ela?

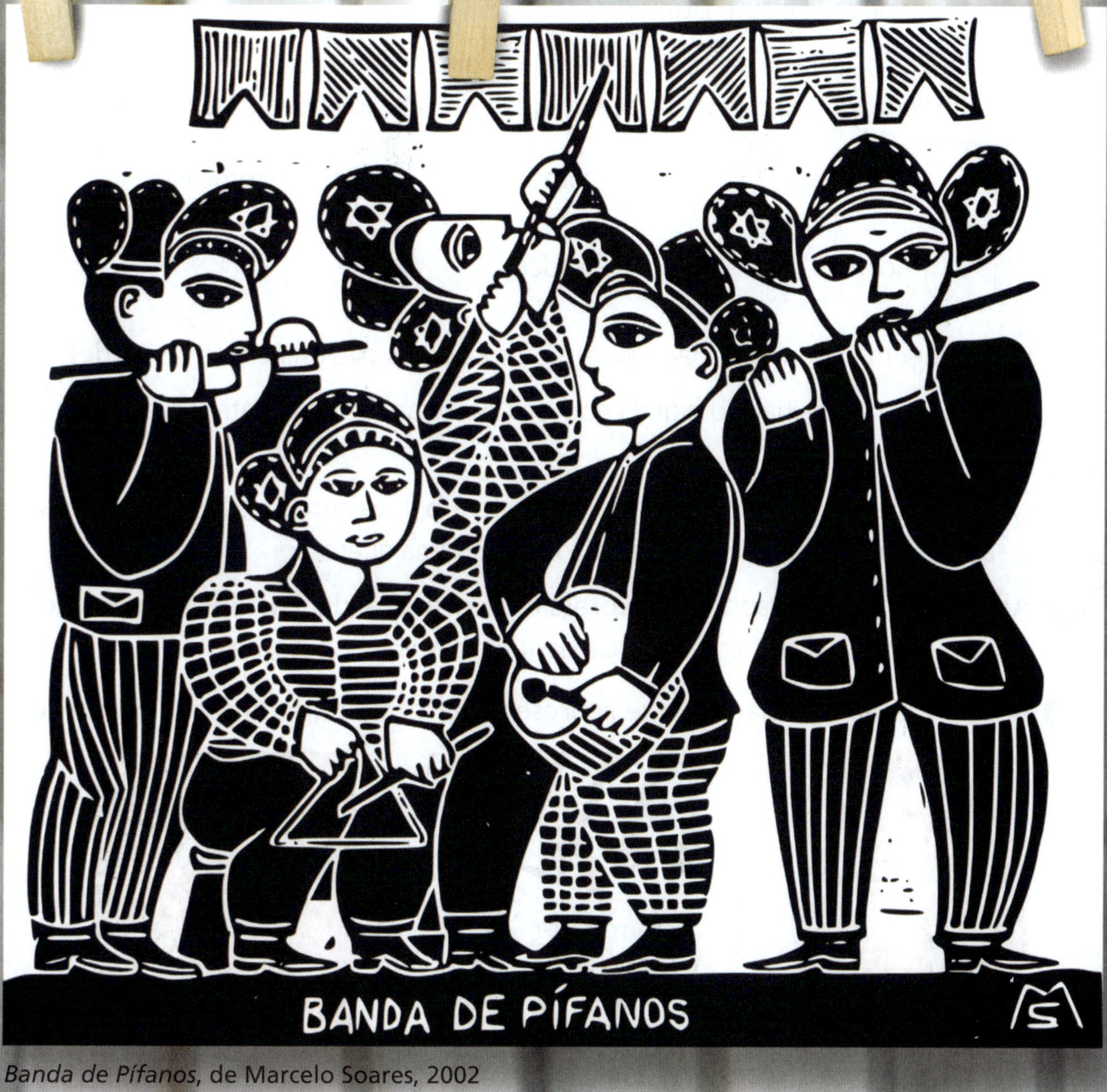

Xilogravura: Matyi012345/Shutterstock; Fundo: Billion Photos/Shutterstock

Banda de Pífanos, de Marcelo Soares, 2002 (xilogravura, de 27 cm × 27 cm).

Cordel

Você vai ler um texto que é chamado de **cordel**. Antes, porém, vale perguntar: Você sabe o que é um cordel?

1 Reúna-se com os colegas e reflitam sobre a palavra **cordel**. Ela os faz lembrar outras palavras? Se sim, quais?

a) Leiam as palavras a seguir e pensem no significado de cada uma delas. Depois, assinalem aquelas que vocês acham que têm relação com a palavra **cordel**.

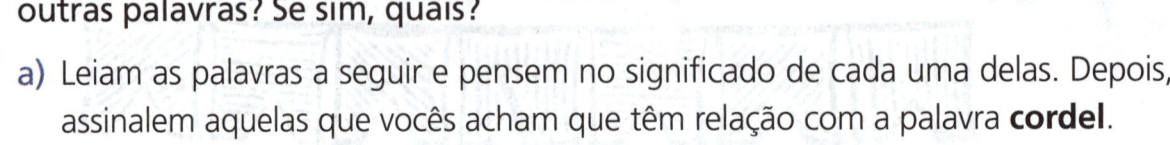

- ☐ acordeão
- ☐ corda
- ☐ cordelista
- ☐ acordar
- ☐ cordão
- ☐ cor

b) Pesquisem em um dicionário ou em outras fontes os significados de **cordel**.

■ Caso não saibam o significado das palavras do item anterior, aproveitem para pesquisar.

c) Com base no resultado da pesquisa do item **b**, revejam as respostas que deram ao item **a** e verifiquem a necessidade de alguma alteração.

2 Agora, conversem sobre a expressão **literatura de cordel**. O que vocês acham que ela significa? Por que essa arte teria esse nome?

3 Assinale abaixo a imagem que representa a forma de publicação do cordel.

4 Que tipo de história você imagina que podemos encontrar em um cordel?

5 Você já viu ou leu algum folheto de cordel?

Conhecendo o texto

Qual seria a utilidade de um pote de água rachado?

Leia este cordel silenciosamente para conhecer essa história. Depois, escute com atenção a leitura do professor.

O pote de água rachado

Vou contar uma história
De um homem que era moço
Era vendedor de águas
Retiradas de um poço
Sempre usava dois potes
Pendurados no pescoço.

Todo dia de manhã
Ele subia a serra
Enchia os seus dois potes
Há dez anos, nesta guerra
E voltava pra cidade
A roupa suja de terra.

Acontece que um dos potes
Tinha uma rachadura
Que vazava todo dia
Meio pote de água pura
Nunca o homem consertou
Despreocupou-se da cura.

Certo dia, este pote
Começou a lhe falar:
— *Eu pretendo nunca mais*
Todo dia trabalhar
Eu só te dou prejuízo
Quero me aposentar!

O moço então lhe pede
Pra fazer última viagem
E subiram àquela serra
Com o sol e com coragem:
— *Quero que olhe pro chão*
Veja essa paisagem!

O pote que nunca olhara
Para a terra batida
Pode ver bem claramente
Uma trilha bem florida
Com as mais formosas flores
Na subida e na descida.

— Este é o bom trabalho
Que sua rachadura fez
O lado do pote bom
Não deu flor nenhuma vez
Não alegra nem o rico
Nem o pobre camponês.

O dinheiro que eu perco
Por você ter um defeito
Não paga essa alegria
Que eu sinto no peito
Dou flores à minha esposa
E me sinto satisfeito.

Estas flores sempre dão
Alegria ao meu trabalho
Ao carregar os dois potes
Sinto o cheiro do carvalho
Se você se aposentar
Vou pisar só no cascalho.

A partir daquele dia
Ele trabalhou contente
Não ligou mais pro defeito
Pois ganhara um presente
Ver sua trilha florida
Nos dias de sol quente.

O pote de água rachado, de César Obeid. São Paulo: Biblioteca Nacional, 2002.

Interpretação, linguagem e construção do texto

1 O cordel que você leu conta a história de um pote rachado que:

☐ de tanto carregar água, não tem mais serventia.

☐ estava triste por não conseguir carregar toda a água, mas que fica feliz ao descobrir que contribuía para nascerem flores no caminho.

☐ conversa com o homem e se aposenta, pois não serve mais para carregar água.

2 Quais são as personagens do cordel?

3 O narrador dá algumas pistas sobre o lugar onde a história acontece.

a) Como você imagina o clima desse lugar?

b) Converse com o professor e os colegas sobre as pistas que você observou no texto para chegar a essa conclusão.

4 No verso "Há dez anos, nesta guerra", qual é o sentido da palavra **guerra**?

5 Quais eram os instrumentos de trabalho do homem e em que condições estavam esses instrumentos?

6 O homem descartou um desses instrumentos? Por quê?

7 Que mensagem esse cordel transmite a você? Explique.

_____
_____
_____

8 Reúna-se com alguns colegas e conversem: Com que situações reais essa história pode ter relação? Pensem em um exemplo e escrevam abaixo.

_____
_____
_____

9 Sobre a estrutura do cordel que você leu, responda:

a) Quantas estrofes ele tem? _____

b) De quantos versos são formadas as estrofes? _____

10 Os versos abaixo foram numerados. Releia a estrofe em voz alta, prestando atenção nas rimas.

1. Acontece que um dos potes
2. Tinha uma rachadura
3. Que vazava todo dia
4. Meio pote de água pura
5. Nunca o homem consertou
6. Despreocupou-se da cura.

a) Nessa estrofe:

☐ os versos 1, 3 e 5 rimam entre si. ☐ os versos 2, 4 e 6 rimam entre si.

- Leia a estrofe em voz alta novamente e confirme sua resposta.

b) Com um colega, releiam o cordel inteiro em voz alta. Circulem, em cada estrofe, os versos que rimam.

UNIDADE 7

c) Em todo o cordel e considerando cada estrofe, a ocorrência das rimas se dá nos mesmos versos? Anotem a conclusão a que chegaram.

d) Que efeito essa sequência das rimas provoca na leitura do poema em voz alta? Troque ideias com os colegas e o professor.

11 Observe o texto do cordel novamente. Por que há versos com tipos de letra diferentes?

- Além dos versos com tipos de letra diferentes, há um sinal que antecede esses versos. Que sinal é esse e qual é a função dele?

Bloco de notas

Cordel

Assinale as afirmações verdadeiras e corrija as falsas.

- A literatura de cordel:

☐ conta histórias por meio de versos rimados.

☐ é assim chamada por ficar disposta em folhetos presos em varais.

☐ geralmente é apresentada em um livro, que tem como capa uma fotografia.

Refletindo sobre a língua

1 Releia com um colega esta estrofe do cordel "O pote de água rachado".

> O pote que **nunca** olhara
> Para a terra batida
> Pode ver **bem claramente**
> Uma trilha **bem** florida
> Com as **mais** formosas flores
> Na subida e na descida.

■ Qual das palavras destacadas transmite a ideia de:

a) negação? _____

b) intensidade? _____

c) modo (como uma ação acontece)? _____

> As palavras **nunca**, **bem**, **claramente** e **mais**, destacadas na estrofe acima, são **advérbios**. Os advérbios indicam ideias de:
> - **tempo** (cedo, tarde, agora, depois, nunca, jamais);
> - **lugar** (aqui, ali, lá);
> - **modo** (devagar, depressa, melhor, pior, vagarosamente, velozmente);
> - **intensidade** (muito, pouco, bastante, bem, mais, menos, demais, tão);
> - **afirmação** (sim, certamente);
> - **negação** (não, nem, nunca);
> - **dúvida** (talvez, possivelmente, acaso).

2) **Passe estas frases para o plural.**

A criança brinca **alegremente** no balanço.

_____

O ator passou **perto** do teatro.

_____

A peça teatral será apresentada **amanhã**.

_____

- Como ficaram os advérbios destacados nas frases escritas no plural? Eles sofreram alguma alteração?

_____

_____

3) **Complete as frases com os advérbios do quadro.**

| hoje   perto   talvez   antigamente   cedo   muito   sempre |

_____ as pessoas se locomoviam por meio de bondes.

Ela mora _____ da minha casa.

Maurício acordou _____ para ir ao colégio.

Minha mãe é _____ paciente.

_____ meus primos virão me visitar.

Maria _____ vá à festa com você amanhã.

Márcia _____ vai à mesma banca comprar frutas.

Diversão em palavras

1 Descubra e escreva os advérbios que completam as estrofes dos cordéis de acordo com a indicação entre parênteses.

Dica: Todos terminam com **-mente**.

a) [...]
Tempos depois o monarca
Já completamente curado
Foi procurar o velhinho
Para lhe dar algum cruzado

Mas este _____ (com delicadeza)
Não quis do rei o agrado
[...]

O velho e a cotovia, de Severino José. São Paulo: Confraria da Paixão, 2005. p. 6.

b) [...]
Creuza estava deitada
Dormindo sono inocente.
Seus cabelos, como um véu,

Que enfeita _____ (com pureza),
Como um anjo terreal
Que tem lábio sorridente.
[...]

Pavão misterioso, de José Camelo de Melo Rezende. São Paulo: Luzeiro, 1980. p. 18.

c) [...]
Tinha por nome Fantine
A mãe da pobre inocente,
Despedindo-se da filha
Chorou copiosamente,
Prometendo que voltava

Pra buscá-la _____ (em breve)
[...]

Os miseráveis em cordel. Adaptação de Klévisson Viana. São Paulo: Nova Alexandria. p. 26.

184 UNIDADE 7

2 Qual é o contrário? Escreva advérbios com sentido contrário.

mais .... fora ....

bem .... antes ....

devagar .... muito ....

longe .... cedo ....

■ Escolha alguns desses advérbios e organize-os no quadro abaixo.

Modo	Lugar	Tempo	Intensidade

Vamos falar sobre...

Autoestima

Autoestima é um sentimento que revela a importância que alguém dá a si mesmo. Pessoas com boa autoestima confiam em suas intuições e escolhas. Acreditam que suas iniciativas vão dar certo e apresentam facilidade em conviver com outras pessoas.

Em alguns momentos, pode acontecer de nos sentirmos sem importância e termos vontade de desistir de algum plano ou projeto. Todos temos limitações, mas, se refletirmos sobre elas, é possível que, com um outro olhar, elas sejam consideradas qualidades.

■ Responda a estas perguntas sobre você.

a) Quais são suas características pessoais das quais você mais gosta?

b) Como você acha que as pessoas com quem convive veem você? Você considera adequada essa visão que elas possam ter?

c) Você acha necessário melhorar algo em si mesmo para ser mais feliz? O quê?

Entre linhas e ideias

Que tal, agora, você escrever um cordel com um colega e montar um folheto? A produção de vocês será divulgada em varais de cordel espalhados pela escola.

Reúna-se com um colega e sigam estas orientações.

1. **Planejamento**

   a) Para praticar o trabalho com rimas, leiam o cordel a seguir e imaginem que palavras poderiam ser usadas para completar as lacunas. Pensem na sonoridade e no sentido do texto. Depois, completem as lacunas.

   ### O sapo que gostava de cantar

   O sapo era muito alegre

   E gostava de _____

   Pra ele não tinha hora

   Cantava em qualquer _____

   E quando estava inspirado

   Não queria mais _____

   Certo dia ele ganhou

   Um pandeiro de _____

   Em sua pedra pulou

   Todo feliz e _____

   E quando olhou pros lados

   Viu que tinha muita _____

   Ficou muito emocionado

   Quis então agradecer

   No pandeiro com cuidado

   Começou logo a _____

   Essa noite ele cantou

   Até o dia _____

   O sapo que gostava de cantar, de Teotônio Flores. São Paulo: Confraria da Paixão, 2005. (Cordel para crianças).

   b) Avaliem: O título do cordel está adequado à versão completa?

   c) Considerando os elementos que vocês observaram, pensem agora no texto que vão produzir. Definam:
   - Qual será o assunto do cordel de vocês? Vocês podem pensar em uma notícia de jornal, um animal, um sonho, etc.
   - Qual será o tom do texto: dramático, bem-humorado, irônico?
   - Como será a ocorrência de rimas?

2. **Primeira versão**

    a) Escrevam o cordel utilizando como tema o assunto escolhido. Produzam versos curtos e observem como as rimas estão ficando.

    b) Para facilitar a rima no final do verso, procurem usar verbos, como na atividade inicial, ou advérbios, como nas atividades que fizeram ao longo desta Unidade.

    c) Se tiverem dúvidas para grafar as palavras corretamente, consultem um dicionário.

    d) Criem um título que tenha relação com o tema do cordel.

3. **Revisão**

    a) Depois de terminada a primeira versão, releiam o cordel que vocês criaram e façam a revisão usando o quadro a seguir.

    - O cordel apresenta uma história em versos?
    - Os versos estão organizados em estrofes?
    - A ocorrência de rimas está bem marcada?
    - As palavras foram grafadas corretamente?
    - O tom do texto corresponde ao que vocês planejaram?
    - O título tem relação com a história contada no cordel?

    b) Depois da revisão, peçam auxílio ao professor para verificar se algo não foi avaliado.

4. **Versão final**

    a) Passem o texto a limpo em uma folha à parte com o tamanho combinado com o professor.

    b) Planejem com o professor um momento para a digitação e edição do texto, caso decidam usar o computador e a escola disponha de uma sala de informática. A folha precisa ser impressa no tamanho combinado com o professor.

    c) Para a capa, usem uma folha de papel colorida. Conversem com o professor se vão ilustrá-la usando a técnica da xilogravura ou outra semelhante.

    d) Finalizado o trabalho, pendurem o folheto em um varal nos corredores da escola ou em outro local que julgarem adequado para que todos possam lê-lo.

Praticando a fala e a escuta

Você e os colegas vão organizar uma apresentação de cordel para as outras turmas da escola. Para isso, cada um deve escolher entre os textos produzidos na seção **Entre linhas e ideias** ou outros cordéis que conheçam.

Lembre-se de que a atividade consiste em ler e ouvir cordéis. Isso significa que os colegas devem respeitar sua apresentação, assim como você deve respeitar a apresentação deles.

1. **Planejamento**

   a) Selecione o texto que vai declamar. Para essa escolha, avalie as seguintes possibilidades.

   - Usar o cordel que você produziu com um colega na seção anterior.
   - Usar um cordel produzido pelos colegas na seção anterior.
   - Pesquisar cordéis de outros autores na biblioteca, com familiares, na internet ou em outras fontes.

   b) Combine com o professor e os colegas a data da apresentação.

O cordelista na feira, xilogravura de J. Borges.

2. **Ensaio**

   a) Leia, em voz alta, o cordel escolhido, pronunciando bem todas as palavras.

   b) Leia-o várias vezes, pois a repetição o ajudará a perceber o ritmo e a trabalhar a entonação, além de facilitar a memorização do texto.

   c) Ensaie a apresentação na frente do espelho ou declamando para familiares. Você também pode ensaiar com um colega: um escuta a declamação do outro e faz comentários e, depois, invertem os papéis.

3. **Apresentação**

   a) Agora, com os colegas, preparem a apresentação. Vocês podem aproveitar o varal de cordéis montado na seção **Entre linhas e ideias** para caracterizar o espaço da escola onde o evento vai ocorrer.

   b) Um aluno, escolhido pela sala, fará a abertura da apresentação. Cumprimentará o público e explicará o que vai acontecer.

   c) No momento da apresentação, é preciso dar expressividade à leitura e transmitir emoção aos ouvintes.

   - Declame com entonação de voz clara e na altura adequada para que todos possam ouvir e compreender.
   - Use movimentos e expressões faciais que chamem a atenção do público e possam realçar o tom da sua história no cordel.

   d) Por fim, outro aluno, também escolhido pela sala, encerrará a apresentação agradecendo a participação de todos.

   Se for possível, o professor vai filmar as declamações para que, juntos, possam assisti-las no momento da avaliação.

4. **Avaliação**

   a) Avalie sua apresentação com base no quadro a seguir.

   - A declamação do cordel transmitiu emoção às pessoas que assistiram?
   - A declamação foi feita com entonação e volume de voz adequados, de forma que todos puderam ouvir e compreender?
   - Foram utilizados gestos e expressões faciais para transmitir emoção?
   - A apresentação prendeu a atenção do público?
   - Durante as apresentações dos colegas, prestei atenção e demonstrei respeito?

   b) Se a apresentação tiver sido filmada, a turma pode combinar com o professor um momento para a edição dos vídeos e a divulgação deles no *site* ou no blogue da escola, se todos os participantes e a direção da escola estiverem de acordo. Nesse caso, é necessária também a autorização dos pais ou familiares de todos os alunos da turma.

Refletindo sobre a língua

1 Leia o trecho do cordel a seguir silenciosamente e, depois, em voz alta.

Nas profundezas do mar

Quando na areia da praia
Sentamos para brincar
Jamais a gente imagina
O que tem dentro do mar

E nem tão pouco pensamos
O quão profundo se faz
E as muitas criaturas
Que nele habitam em paz

O fundo do MAR PROFUNDO
É um mundo desconhecido
Tem coisas que não sabemos
Que jamais temos ouvido
[...]

Nas profundezas do mar, de Abdias Campos. Folhetaria Campos de Versos. Disponível em: <www.abdiascampos.com.br/v2/cordel.php#close>. Acesso em: 23 maio 2018.

a) Sobre o que trata o trecho do cordel? Converse com os colegas.

b) Em sua opinião, o que existe no mar profundo?

c) Você acha que as criaturas que habitam o mar profundo vivem em paz? Converse com os colegas e com o professor.

2 As reticências entre colchetes – [...] – indicam que uma parte do texto foi suprimida. Junte-se a um colega e, com base no que vocês leram, escrevam no caderno uma continuação e um final para esse cordel. Depois, leiam para a turma o texto que criaram.

- Na parte do cordel criada por vocês há algum advérbio? Se sim, identifique-o e classifique-o.

  ....

3 Releia o trecho do cordel "Nas profundezas do mar" e circule os advérbios.

- Agora, classifique os advérbios que você encontrou.

  ....

  ....

4 Releia a última estrofe do trecho do cordel.

- Se tirássemos os advérbios, mudaria o sentido do texto? Por quê? Converse com os colegas e o professor.

5 Ligue os advérbios às circunstâncias em que eles normalmente são usados.

tarde

depressa

talvez

possivelmente

dúvida

tempo

modo

Bloco de notas

Advérbio

- Complete os espaços com as palavras do quadro.

  gênero   invariável   flexão

  Advérbio é uma palavra .... Isso quer dizer que não apresenta .... de número, ... e modo.

Diversão em palavras

1 Leia as frases e encontre no diagrama os advérbios que as completam. Depois, escreva o que descobriu nos espaços adequados.

Lucas colocou _____ a coberta sobre sua irmã.

A festa de aniversário da Rosângela foi _____ no salão do prédio.

Meu tio disse que _____ fosse viajar no fim de semana.

Ficou _____ para brincarmos de bola na rua.

Juliano _____ assistiu ao filme porque estava com

_____ sono.

_____ Patrícia e Júlia vão tirar boa nota no trabalho

de _____ de _____ empenho.

O	D	A	I	N	E	C	P	T	A	N	T	O	I
E	A	Q	U	F	T	U	T	P	F	A	Z	S	T
T	I	U	Q	U	I	I	S	T	A	R	D	E	D
C	U	I	D	A	D	O	S	A	M	E	N	T	E
R	M	S	U	Q	D	A	N	N	O	S	A	G	P
V	U	Z	C	E	R	T	A	M	E	N	T	E	O
A	I	M	E	L	T	O	S	E	G	M	H	D	I
Z	T	T	A	L	V	E	Z	O	B	A	G	U	S
I	O	A	T	E	P	M	O	P	D	N	S	A	I

2 Agora, no caderno, classifique cada um dos advérbios que você descobriu.

UNIDADE 7

Autoavaliação

Como foi seu aprendizado nesta Unidade? Reflita sobre estas perguntas. Depois, marque um **X** na opção que melhor representa seu desempenho.

	😉	🤔	😕
1. Eu sei identificar a estrutura de um cordel?			
2. Eu consigo escrever um cordel?			
3. Eu consigo declamar um cordel de maneira ritmada?			
4. Eu sei qual é a função dos advérbios e como usá-los?			
5. Eu sei substituir advérbios por seus antônimos e compreendo o efeito causado pela substituição?			

Sugestões

 Para ler

- *Aquecimento global não dá rima com legal*, de César Obeid. São Paulo: Moderna, 2008.

    Este cordel publicado em livro trata do principal problema ambiental da atualidade. Os leitores vão saber quais são as ações que mais agridem o meio ambiente e quais são as ações que ajudam a evitar o desgaste do nosso planeta.

 Para acessar

- <www.casaruibarbosa.gov.br/cordel/>. Acesso em: 23 maio 2018.

    Nesse *site*, um acervo com cerca de 9 mil folhetos de cordel está disponível para consulta *on-line*. Acesse e divirta-se.

Conectando saberes

Preconceito regional

Assim como a literatura de cordel é uma expressão forte da cultura nordestina, marcas características de todas as regiões do Brasil enriquecem a diversidade de nosso país. Os modos de falar, por exemplo, são uma dessas marcas.

Faça este teste e reflita sobre seu comportamento diante da diversidade linguística.

TESTE DO RESPEITO ÀS DIFERENÇAS

1 Se você está conversando com uma pessoa que não é da mesma região que você e ela fala uma palavra que você não entende, você:

a) pede para ela explicar o que essa palavra quer dizer.
b) ignora o que ela falou e continua a conversa fingindo que entendeu.
c) acha engraçado e fica rindo da pessoa porque ela usou uma palavra estranha para você.

2 Se chega na escola um aluno de outra região do país, você:

a) tenta conversar com ele para saber como é o lugar de onde ele veio.
b) não se interessa muito em puxar conversa, afinal, ele não tem nada a ver com você.
c) logo dá um apelido para ele, de preferência um que tenha relação com o lugar de onde veio.

3 Se você ouve alguém ofender uma pessoa por causa do sotaque ou do modo como fala, você:

a) demonstra apoio à pessoa ofendida e mostra que isso foi ofensivo.
b) não interfere, afinal, você não tem nada a ver com os problemas dos colegas.
c) passa a ofender a pessoa também.

1 Como foi seu teste? Você vê a necessidade de mudar alguma atitude?

2 Leia a tirinha e, depois, converse sobre as questões com os colegas.

Alexandre Beck. *Armandinho*, 2014.

a) Você concorda que o preconceito "pode ser transmitido pelos pais, amigos da escola e até pela tevê"? Dê exemplos para justificar sua resposta.

b) De que maneira a educação pode "curar" o preconceito?

RESULTADO

Maioria A

Você é alguém que compreende as diferenças e que trata todas as pessoas com respeito. Parabéns! Suas atitudes contribuem para tornar o mundo mais justo e feliz!

Maioria B

Provavelmente você não chega a ser alguém que ofende os outros, mas também não contribui para combater o preconceito. Que tal pensar sobre isso e colocar em prática atitudes que ajudem as pessoas que são vítimas desse mal?

Maioria C

Está na hora de rever suas atitudes! Algumas brincadeiras podem esconder um preconceito sem sentido. A diversidade torna a convivência melhor e mais interessante. Se todos fôssemos iguais, o mundo seria muito sem graça...

> LEMBRE-SE SEMPRE DE RESPEITAR OS OUTROS ASSIM COMO GOSTARIA QUE RESPEITASSEM VOCÊ. EVITE USAR APELIDOS E FAZER BRINCADEIRAS DESRESPEITOSAS.

3 Você e os colegas vão fazer uma pesquisa.

a) Organizem-se em cinco grupos, um para cada região do Brasil: Norte, Nordeste, Sudeste, Centro-Oeste e Sul.

b) Pesquisem os seguintes aspectos da região escolhida:
- Artistas famosos (como escritores, pintores, atores).
- Comidas típicas.
- Belezas naturais.

c) Pensem na melhor maneira de compartilhar os resultados da pesquisa com os demais colegas.

d) Façam uma apresentação em sala de aula ou por algum meio virtual.

4 O que você pode fazer para ajudar a combater o preconceito contra pessoas que são de regiões diferentes?

UNIDADE 8

A arte de convencer

Nesta Unidade, você vai:

- Ler e interpretar anúncios publicitários.
- Conhecer alguns prefixos.
- Refletir sobre os verbos no modo imperativo.
- Produzir um anúncio falado.
- Refletir sobre adjetivos formados com os sufixos **-OSO** e **-OSA**.
- Produzir um anúncio publicitário impresso.

Observe o anúncio ao lado e converse com os colegas sobre estas questões.

1. Que imagens aparecem no anúncio? Que ideias elas representam?

2. A frase "Vai deixar seu amigo morrer de raiva?" tem dois sentidos. Quais são eles?

3. Essa frase e as imagens do anúncio parecem ter relação entre si?

4. Que ideia o anúncio pretende transmitir?

5. Qual é o objetivo desse anúncio?

6. Você considera esse anúncio útil? Por quê?

Anúncio publicitário

O anúncio que você leu na abertura da Unidade tem o objetivo de conscientizar as pessoas da importância de vacinar os animais de estimação.

1 Você sabe o que significa **conscientizar**? Leia esta definição.

> **conscientizar** [...] Tornar(-se) consciente de ideias e responsabilidades (*Seu trabalho nas horas vagas era conscientizar a população da importância de lutar por seus direitos. Conscientize-se de que é preciso economizar água.*).
>
> *Saraiva jovem*: Dicionário de Língua Portuguesa Ilustrado. São Paulo: Saraiva, 2010.

a) E o que significa "tornar(-se) consciente"? Leia esta definição.

> **consciente** [...] **5.** que possui ou é feito com responsabilidade (*Camilo é um menino consciente, pois já ajuda em campanhas de doação de livros e brinquedos.*) [...].
>
> *Saraiva jovem*: Dicionário de Língua Portuguesa Ilustrado. São Paulo: Saraiva, 2010.

b) Agora que você conhece melhor o sentido dessas palavras, de que ideias e responsabilidades você acha que é importante ser consciente? Converse com os colegas.

2 Como você viu, alguns anúncios são criados para campanhas de conscientização da sociedade. Na sua opinião, os anúncios são um bom meio para conscientizar as pessoas? Por quê?

a) Você já viu outros anúncios desse tipo? Em caso afirmativo, conte aos colegas qual era o tema dos anúncios, se eram impressos ou falados e onde você os viu.

b) Além de anúncios, que outros meios podem ser usados para conscientizar as pessoas sobre questões importantes? Dê alguns exemplos.

Fabiana Salomão/Arquivo da editora

3 No lugar onde você mora, que ideias poderiam ser tema de uma campanha de conscientização? Por quê? Converse com os colegas.

Conhecendo o texto

Leia este anúncio.

Interpretação, linguagem e construção do texto

1. O que a imagem desse anúncio representa? Converse com os colegas.

2. Que cores são utilizadas no anúncio?

- Que ideia essas cores sugerem?

3 Qual é a frase em destaque nesse anúncio?

- Como você interpreta essa frase?

4 Releia outras frases presentes no anúncio.

> Ainda dá tempo. **Afilie-se**.
> Entre no site: www.wwf.org.br

a) Qual é o sentido da expressão em destaque? Se não souber, consulte um dicionário e escreva o significado dela.

b) Qual é o objetivo dessas frases?

5 Reúna-se com um colega e conversem sobre as perguntas seguintes. Anotem suas conclusões.

- Qual é o objetivo desse anúncio? Vocês diriam que ele tem mais de um objetivo?

6 Agora, volte ao anúncio e responda às perguntas a seguir.

a) Qual é o nome do anunciante?

b) Que frase está diretamente relacionada a esse anunciante?

_____

c) Há também uma imagem relacionada a ele. Que imagem é essa?

_____

> A frase de efeito, geralmente curta e simples, que se associa a uma marca, a uma campanha ou a um produto, é chamada de **slogan**.
>
> Já o modo como o nome de uma instituição é visualmente apresentado, acompanhado ou não de uma imagem associada a ele, é chamado de **logotipo**.

7 Considerando o tema do anúncio veiculado por esse anunciante, você acha que o *slogan* e o logotipo têm relação com os objetivos da instituição? Por quê?

_____

_____

8 Que elementos você identificou nesse anúncio?

- [ ] Frase curta e impactante para chamar a atenção do público.
- [ ] Argumentos para convencer o leitor sobre uma ideia.
- [ ] Imagem que, junto com o texto, transmite a ideia do anúncio.
- [ ] Identificação de um produto sendo divulgado.
- [ ] Identificação de uma instituição sendo divulgada.

9 Observe novamente a imagem e as frases do anúncio. Que relação os seres humanos têm com a conservação da natureza? Converse com os colegas e o professor.

10 Que ações você acha que pode realizar para contribuir para a preservação da natureza? Compartilhe sua resposta com os colegas.

Conhecendo outros textos

Agora, leia este outro anúncio que também faz parte de uma campanha de conscientização.

Interpretação, linguagem e construção do texto

1 O que a imagem em destaque nesse anúncio representa?

_____

_____

2 Releia as frases em destaque no anúncio e responda a estas questões.

a) Que recursos gráficos são usados para destacar essas frases?

_____

_____

b) Que palavras estão escritas com outra cor nessas frases?

_____

- Por que essas palavras foram destacadas nas frases?

_____

_____

_____

c) De acordo com o anúncio, para "tirar o planeta do sufoco" é preciso:

☐ reciclar o lixo.

☐ não poluir o ar.

☐ não usar sacolas plásticas.

☐ economizar água.

- Qual é a relação entre essa expressão e a imagem principal do anúncio? Converse com os colegas.

d) De acordo com esse anúncio, que ação deve ser realizada para "tirar o planeta do sufoco"?

_____

3 Quais são as alternativas apresentadas pelo anúncio para substituir as sacolas plásticas?

_____

_____

a) Como essas alternativas são apresentadas no anúncio?

_____

_____

_____

b) O que a imagem correspondente ao item "qualquer outra embalagem reutilizável" representa?

_____

4 Qual é o objetivo desse anúncio?

_____

_____

_____

5 As pessoas de seu convívio costumam usar embalagens reutilizáveis ao fazer compras? Em caso afirmativo, que tipo de embalagem elas usam? Conte aos colegas e ao professor.

6 Onde esse anúncio poderia ser divulgado? Assinale todas as possibilidades.

☐ cartaz

☐ internet

☐ revista

☐ rádio

Os anúncios circulam em jornais, revistas, rádio, televisão e internet, também chamados de **meios de comunicação de massa**. Esses meios de comunicação recebem esse nome porque as mensagens que veiculam chegam a muitas pessoas ao mesmo tempo.

7 Agora, ligue as descrições apresentadas a todos os meios de comunicação a que elas se aplicarem.

É exposto em ambientes abertos e utiliza somente linguagem escrita e imagens.

Televisão.

Utiliza somente fala e sons.

Rádio.

Faz uso de sons e de imagens em movimento.

Outdoor.

Apresenta locução/narração em suas transmissões.

Rede de alcance global que conecta usuários de todas as partes do mundo.

Internet.

■ Em quais desses meios de comunicação você costuma ver ou ouvir anúncios?

Refletindo sobre a língua

1 Releia esta frase, retirada de um dos anúncios que você leu.

USE EMBALAGENS REUTILIZÁVEIS.

a) Qual é o significado da palavra **reutilizáveis**? Se necessário, consulte um dicionário.

b) Essa palavra deriva de outra palavra. Qual?

2 Observe algumas partes que formam a palavra **reutilizável**.

re + utilizável = reutilizável

a) Qual é o significado da palavra utilizável?

b) Compare o significado das palavras **utilizável** e **reutilizável**. Que ideia é transmitida pelo acréscimo de **re-**?

No exemplo que você acabou de ver, a palavra **reutilizável** tem um sentido diferente de **utilizável**, ocasionado pela presença da parte **re-** em seu início.
Nessa palavra, o **re-** é um **prefixo**.

UNIDADE 8

3 Circule apenas as palavras que contêm o prefixo **re-**.

reler	rever	realidade	rei
refazer	retângulo	revisar	redondo
rena	recriar	renascer	reproduzir
rede	reação	régua	relembrar

a) Agora, demonstre as partes que formam as palavras que você circulou. Siga o exemplo.

re + ler = reler

b) Escreva mais três palavras formadas por esse prefixo. Caso não se lembre de nenhuma, pesquise em um dicionário.

4 Identifique e sublinhe os prefixos que formam as palavras da primeira coluna. Depois, ligue essas palavras ao significado que os prefixos atribuem à palavra primitiva.

palavras	significados dos prefixos
superpoderes	anterior
bicampeão	duas vezes; repetição
microrganismos	movimento para fora
infeliz	pequeno
expulsar	negação
anteontem	excesso

■ Escreva uma frase usando pelo menos uma dessas palavras.

Conhecendo outros textos

Observe apenas a imagem do anúncio a seguir e converse com os colegas: Que ideia você acha que ele transmite? Depois, leia todo o anúncio.

Interpretação, linguagem e construção do texto

1. Antes de ler o anúncio completo, você levantou hipóteses sobre ele. Essas hipóteses se confirmaram com sua leitura? Converse com os colegas.

2. Qual é a ideia principal transmitida por esse anúncio publicitário?

   ....

3. Qual é o objetivo desse anúncio?

   ....

   ....

4. Explique o que você observa na imagem e como ela contribui para o sentido do anúncio.

   ....

   ....

   ....

5. Qual é a cor predominante no anúncio?

   ....

   a) Em sua opinião, por que essa cor foi escolhida para compor esse anúncio?

   ....

   b) Você acha que a escolha dessa cor foi adequada para transmitir a ideia do anúncio? Por quê?

   ....

   ....

6. Você acha que os recursos visuais utilizados nesse anúncio chamam a atenção das pessoas para sua leitura? Por quê?

7 Que data aparece no anúncio?

....

- A que ela se refere?

....

8 Releia este trecho do anúncio.

> A água é um recurso precioso.
> Use com responsabilidade.

Reprodução/DAEPA

a) Qual dessas duas frases apresenta uma afirmação? E qual indica um pedido, uma recomendação?

....

- Qual é a relação entre essas duas frases? Converse com os colegas.

b) O que significa a expressão "Use com responsabilidade" nesse anúncio?

....

9 Você acha possível compreender um anúncio apenas observando a imagem, ou é preciso ler os textos para entender a mensagem transmitida? Por quê? Converse com os colegas.

10 O que pode acontecer se houver muito desperdício de água?

- Que atitudes você pode ter no dia a dia para economizar água tanto na escola como em casa? Converse com os colegas e o professor.

11 Que relação é possível estabelecer entre os objetivos dos três últimos anúncios que você viu? Converse com um colega.

....

....

....

UNIDADE 8

Refletindo sobre a língua

1 Releia estas frases do anúncio sobre economia de água.

> **Poupe** para usar quando precisar.
> **Use** com responsabilidade.

a) As palavras destacadas nessas frases são:

☐ substantivos.   ☐ verbos.   ☐ advérbios.

b) Com qual objetivo elas foram usadas?

☐ Dar uma informação.   ☐ Expressar uma recomendação.

c) Reescreva essas frases substituindo as palavras destacadas por outras com sentido semelhante.

_____

_____

> Os verbos **use** e **poupe** expressam uma recomendação e são exemplos de verbos no **modo imperativo**.
> Os verbos no modo imperativo são usados para expressar uma ordem, um pedido, uma sugestão, uma recomendação, um convite, um conselho, um apelo, etc. Por essa razão, são comuns em anúncios publicitários.

2 Agora, releia estas frases de outro anúncio apresentado anteriormente.

> **VAMOS TIRAR O PLANETA DO SUFOCO.**
> **USE EMBALAGENS REUTILIZÁVEIS.**

Reprodução/Ministério do Meio Ambiente

a) Identifique o verbo no modo imperativo e copie-o.

_____

b) Reescreva a primeira frase usando o verbo **tirar** no modo imperativo.

_____

3 Complete as frases a seguir, comuns em anúncios publicitários, usando os verbos do quadro.

| mantenha | doe | avise | respeite | desperdice | jogue |
| ultrapasse | faça | adote | proteja | salve |

a) _____ órgãos! _____ vidas! Para ser doador, _____ sua família.

b) _____ os limites de velocidade! Não _____ em locais proibidos.

c) Não _____ água, _____ o meio ambiente.

d) _____ a cidade limpa.

_____ o lixo no lixo!

e) _____ um gesto de amor.

_____ um animal de estimação.

4 Agora, complete as frases, usando os verbos entre parênteses no modo imperativo.

a) Não _____ (esquecer) o prazo. _____ (fazer) logo sua inscrição no *site*.

b) _____-se (tornar) um ciberativista. _____ (clicar) aqui para participar do abaixo-assinado.

c) Celular ao volante: _____ (apagar) esse hábito.

d) Professores e diretores, _____ (inscrever) sua escola na Olimpíada Brasileira de Matemática.

212 UNIDADE 8

Diversão em palavras

 Vamos jogar com os tempos verbais? Leiam as instruções para iniciar o jogo.

1. **Material**
   - Um dado.
   - 36 cartões de cartolina com 5 cm × 5 cm cada um. Cada cartão deverá ter um dos verbos a seguir.

amar	estudar	corrigir	escrever	intervir	manter
partir	vender	jogar	pular	aprender	cair
comer	brincar	receber	dançar	usar	proteger
falar	correr	lembrar	voar	cumprir	ligar
cantar	agir	pensar	chamar	encontrar	chegar
beber	gostar	passear	ficar	viajar	navegar

2. **Regras**

    a) Cada grupo deverá ter quatro jogadores.

    b) Os cartões devem ficar dispostos sobre uma carteira com as palavras viradas para baixo.

    c) O primeiro jogador escolhe um cartão e, em seguida, lança o dado.

    d) O número da face do dado que ficar para cima indica o tempo verbal no qual o jogador deve conjugar o verbo, conforme legenda abaixo.

1 e 2 – Presente   3 e 4 – Pretérito (passado)   5 e 6 – Futuro

   e) Os verbos devem ser conjugados na terceira pessoa do singular (ele, ela). Se houver dúvida, perguntem ao professor.

   f) Se o jogador acertar a resposta, ganha um ponto. Se errar, fica uma rodada sem jogar.

   g) Vence o jogo quem, ao final, somar mais pontos!

Praticando a fala e a escuta

Agora, você e os colegas vão produzir um anúncio falado e gravado em vídeo, como os que aparecem na televisão e na internet. O tema será a economia de água. Esse vídeo poderá ser publicado no *site*, no blogue ou nas redes sociais da escola, com o objetivo de mobilizar a comunidade escolar para o consumo consciente de água.

Para se inspirar, leia o trecho de um texto sobre a água.

A importância da água

A água é fonte da vida. Não importa quem somos, o que fazemos, onde vivemos, nós dependemos dela para viver. No entanto, por maior que seja a importância da água, as pessoas continuam poluindo os rios e destruindo as nascentes, esquecendo o quanto ela é essencial para nossas vidas.

[...]

Segundo as estatísticas, 70% da superfície do planeta são constituídos de água. Dessa água toda, de longe, o maior volume é de água salgada e somente 2,5% são de água doce e, desses míseros 2,5%, quase 98% estão "escondidos" na forma de água subterrânea. Isto quer dizer que a maior parte da água facilmente disponível e própria para consumo é mínima perto da quantidade total de água existente na Terra. [...]

Observando os dados abaixo, percebemos que precisamos utilizar a água de forma prudente e racional, evitando o desperdício e combatendo a poluição, pois:

- Um sexto da população mundial — mais de um bilhão de pessoas — não têm acesso a água potável;
- 40% dos habitantes do planeta (2,9 bilhões – a estimativa da população em 2013 foi de 7,3 bilhões) não têm acesso a serviços de saneamento básico;
- Cerca de 6 mil crianças morrem diariamente devido a doenças ligadas à água insalubre e a saneamento e higiene deficientes;
- Segundo a ONU, até 2025, se os atuais padrões de consumo se mantiverem, duas em cada três pessoas no mundo vão sofrer escassez moderada ou grave de água.

[...]

Disponível em: <http://brasildasaguas.com.br/educacional/a-importancia-da-agua>.
Acesso em: 25 maio 2018.

Fabiana Salomão Arquivo da editora

1. **Planejamento**

    a) Em grupos, troquem ideias sobre por que é importante economizar água. Depois, listem em uma folha à parte argumentos possíveis de serem usados no anúncio que vocês produzirão.

    b) Façam uma breve entrevista com os adultos que moram com vocês, perguntando: "Quais são as suas sugestões para usar a água em casa com mais responsabilidade, evitando o desperdício?". Anotem ou, se possível, gravem as respostas dadas por eles.

    c) Reúnam-se novamente e compartilhem as respostas que obtiveram nas pesquisas feitas em casa.

    d) Depois, escrevam o texto que será falado no anúncio.

    - Não se esqueçam de criar frases de impacto que expressem um pedido ou um apelo às pessoas para que elas se sintam estimuladas a mudar suas atitudes em relação ao consumo de água.
    - Pensem sobre a linguagem que será utilizada. Para isso, considerem o público a que se destina o anúncio.

    e) Por fim, elaborem o roteiro da gravação, indicando as cenas que serão apresentadas e quem vai falar cada trecho do texto. Todos devem participar do vídeo de alguma forma.

2. **Ensaio**

    a) Leiam várias vezes o texto que criaram, treinando bem para que não apresentem dificuldade ao falar na hora da gravação.

    b) Observem se as falas estão claras e em um tom de voz adequado para que todos possam ouvir bem.

    c) Façam os ajustes que considerarem necessários durante o ensaio.

3. **Gravação e divulgação**

    a) No momento da gravação, é importante:

    - Olhar diretamente para a câmera, não consultar o roteiro para falar sua parte do texto.
    - Manter uma postura corporal correta e fazer gestos expressivos de acordo com a fala.
    - Lembrar de usar o tom de voz adequado para que a audição do vídeo fique nítida. A pronúncia das frases deve ser clara.

b) Repitam a gravação até que todos fiquem satisfeitos com o resultado.

c) Se houver um computador ou uma sala de informática na escola, combinem com o professor um momento para a edição dos vídeos e para a publicação dos anúncios na internet.

- É necessário solicitar a autorização dos pais ou responsáveis de todos os alunos para a reprodução da imagem de vocês na internet. Se vocês quiserem divulgar os vídeos no *site* ou no blogue da escola, consultem também o diretor ou o coordenador escolar.

4. Avaliação

- Combinem com o professor um momento para assistir aos anúncios e fazer uma avaliação deles, considerando os aspectos a seguir.

- Os anúncios apresentaram informações importantes sobre o desperdício de água?
- Foram utilizados verbos no modo imperativo para conscientizar o público sobre o consumo de água?
- A linguagem usada no vídeo foi adequada?
- Foram evitadas expressões como **né**, **daí**, **tipo**, entre outras?
- Todos usaram um tom de voz que pudesse ser ouvido e pronunciaram as palavras de forma clara?

Refletindo sobre a língua

1 Leia o anúncio publicitário a seguir e responda às questões abaixo.

É ENGANOSA TODA PUBLICIDADE QUE OMITE INFORMAÇÃO ESSENCIAL SOBRE PRODUTO OU SERVIÇO, INDUZINDO O CONSUMIDOR AO ERRO

Preço | Juros | Prazos | Taxas | Informações

TUDO QUE É ANUNCIADO DEVE SER CUMPRIDO.

Guarde sempre a publicidade e outros documentos e exija seus direitos.

a) De acordo com o anúncio, o que é propaganda enganosa?

b) Que itens podem ser enganosos em uma propaganda?

c) Qual é o objetivo desse anúncio?

d) Em sua opinião, por que a expressão **É enganosa** foi escrita com letras maiores, ou seja, em destaque? Converse com os colegas.

2 No anúncio, a palavra **enganosa** está em destaque. Que relação essa palavra estabelece com o substantivo **propaganda**?

_____

_____

- A palavra **enganosa** é um:

  ☐ verbo.   ☐ adjetivo.

3 Agora observe a formação dessa palavra.

> engano + -oso/-osa = enganoso/enganosa

- Que ideia as terminações **-oso/-osa** atribuem ao sentido da palavra primitiva?

_____

_____

_____

As terminações **-oso/-osa** foram acrescidas ao final do substantivo **engano** para formar uma nova palavra: **enganoso, enganosa**. Essas terminações são chamadas de **sufixos**.

Quando os sufixos **-oso/-osa** são acrescidos a um substantivo, formam-se adjetivos:

engano → enganoso
(substantivo)   (adjetivo)

---

4 Observe a palavra destacada e complete as frases a seguir com o adjetivo correspondente.

a) Quem sente **saudade** está _____.

b) Quem demonstra **amor** é _____.

c) Quem tem **habilidade** é _____.

UNIDADE 8

d) Quem tem **charme** é _____.

e) Quem tem **medo** é _____.

f) Quem tem **preguiça** é _____.

g) Quem tem **talento** é _____.

h) Quem provoca **horror** é _____.

i) Quem faz **escândalo** é _____.

j) Quem tem **coragem** é _____.

k) Quem demonstra **afeto** é _____.

Clarissa França/Arquivo da editora

Vamos falar sobre...

Propaganda infantil

Você sabia que atualmente as propagandas destinadas ao público infantil são controladas?

Desde 2014, o Conselho Nacional dos Direitos da Criança e do Adolescente (Conanda) proibiu toda publicidade direcionada ao público infantil. Pode continuar existindo propaganda de produtos e serviços destinados às crianças, mas a mensagem tem que ser dirigida aos adultos.

A resolução 163 do Conanda diz que "a prática do direcionamento de publicidade e comunicação mercadológica à criança com a intenção de persuadi-la para o consumo de qualquer produto ou serviço é abusiva e, portanto, ilegal".

- Reflita sobre estas questões e converse sobre elas com os colegas e com o professor.
    a) Você já assistiu na televisão ou viu em algum cartaz uma propaganda direcionada às crianças? O que você acha desse tipo de propaganda?
    b) Você imagina o motivo de essas propagandas terem sido proibidas?
    c) Qual é sua opinião sobre a proibição das propagandas direcionadas ao público infantil?

■ Conhecendo outros textos

Observe apenas a imagem do anúncio a seguir ainda sem ler o restante do texto que o compõe.

![Anúncio AACD: criança pulando, com texto em peça de quebra-cabeça: "DAR OS PRIMEIROS PASSOS É SEMPRE UMA GRANDE CONQUISTA. AINDA MAIS SE FOR AOS NOVE ANOS DE IDADE."]

- Com base na imagem que você observou no anúncio, converse com os colegas e o professor sobre as questões a seguir.

   a) À primeira vista, o que mais chamou a sua atenção nesse anúncio?

   b) O que você imagina que esse anúncio vai divulgar?

   c) Você acha que o tema desse anúncio será o mesmo dos outros anúncios que você leu até aqui?

Agora, leia o anúncio inteiro e verifique se suas hipóteses e as dos colegas se confirmam com a leitura.

Interpretação, linguagem e construção do texto

1 O que há na imagem desse anúncio?

....

....

a) O quebra-cabeça representado nesse anúncio não está completo. O que está faltando?

....

b) Qual é o efeito provocado por esse recurso?

2 Releia o texto escrito que aparece em destaque no anúncio e relacione os sentidos transmitidos por ele e pela imagem.

> DAR OS PRIMEIROS PASSOS
> É SEMPRE UMA GRANDE CONQUISTA.
> AINDA MAIS SE FOR
> AOS NOVE ANOS DE IDADE.

a) De quem seriam os primeiros passos mencionados nesse trecho?

....

....

b) Por que dar os primeiros passos aos nove anos de idade é uma conquista ainda maior?

....

....

....

c) O que poderia possibilitar a essa pessoa dar os primeiros passos?

....

....

3 Considerando a composição da imagem e do texto escrito, qual é a mensagem transmitida pelo anúncio? Converse com os colegas.

- Em sua opinião, a imagem e o texto escrito presentes nesse anúncio são adequados para transmitir essa mensagem? Por quê?

4 Qual é o objetivo desse anúncio?

☐ Convencer o leitor a comprar um quebra-cabeça.

☐ Convencer o leitor a praticar esporte.

☐ Convencer o leitor a fazer doações para uma instituição.

5 Agora, leia as frases que aparecem em letra menor no anúncio.

> AJUDE A AACD A REABILITAR CRIANÇAS E JOVENS COM DEFICIÊNCIA.
> FAÇA UMA DOAÇÃO DE QUALQUER QUANTIA PELO TELEFONE ████-████.

Reprodução/Agnelo Pacheco Publicidade

a) Qual é o significado da palavra **reabilitar**? Se não souber, consulte um dicionário.

_____

_____

b) Qual é o pedido feito ao leitor nessas frases?

_____

- Quais são as palavras que expressam esse pedido?

_____

6 Quem é o anunciante?

☐ Uma instituição chamada AACD.

☐ Uma criança com deficiência física.

7 Em que meios esse anúncio pode ser divulgado? Justifique sua resposta.

_____

_____

UNIDADE 8

Entre linhas e ideias

Em grupos, você e os colegas vão criar um anúncio publicitário impresso para conscientizar as pessoas da importância de preservar o meio ambiente. Os anúncios serão afixados no espaço escolar e também podem ser publicados no *site* ou no blogue da escola. Sigam estas orientações.

1. **Planejamento**

    a) Para começar, reúnam-se em grupos e discutam sobre as maneiras como esse tema pode ser abordado. Escrevam todas as ideias que surgirem.

    b) Façam uma pesquisa sobre o tema em jornais, revistas, livros e *sites*. Guiem a pesquisa de acordo com as ideias que tiveram.

    c) Pesquisem também fotografias e outras imagens que possam ser usadas para compor o anúncio.

    - As imagens e as cores utilizadas devem atrair a atenção do público e contribuir para o sentido que se pretende transmitir.

    - Ao escolher as imagens, não se esqueçam de registrar os créditos dos profissionais que as produziram.

    d) Pensem em um nome para a campanha de conscientização ambiental. Além do nome, vocês podem:
    - escolher uma imagem para ser o logotipo da campanha;
    - criar uma frase de efeito para ser o *slogan*.

2. **Primeira versão**

    a) Criem os elementos do anúncio considerando as seguintes perguntas.
    - Qual é a frase curta e chamativa que vai despertar o interesse do público?
    - Como estão sendo apresentados os objetivos do anúncio e quais são os argumentos para convencer o público?
    - Os verbos estão expressando um pedido, uma sugestão ou um apelo?
    - A imagem e o texto escrito estão transmitindo a ideia desejada?

b) Procurem elaborar um texto que convença as pessoas da ideia que se pretende transmitir.

c) Usem verbos no imperativo para expressar um pedido, um conselho, um apelo, uma orientação, entre outros.

d) Variem os tipos de letra para dar destaque ao título e possibilitar ao público que faça uma leitura a distância.

e) Façam um esquema de como ficará a disposição de todos os elementos do anúncio. Lembrem-se de incluir a identificação da campanha (nome, logotipo e *slogan*).

3. **Revisão**

   a) Ao terminar a primeira versão, façam a revisão do anúncio observando os aspectos a seguir.

   - O anúncio está convincente?
   - A imagem e as cores utilizadas têm relação com a ideia transmitida pelo anúncio?
   - Há uma frase principal, curta e simples, em destaque no anúncio?
   - Foram utilizados verbos no modo imperativo para indicar pedido, apelo, recomendação?
   - As palavras estão escritas corretamente?

   b) Mostrem o anúncio ao professor e peçam sugestões. Façam as alterações que acharem necessárias, levando em consideração os itens avaliados e as sugestões do professor. Reelaborem o anúncio em uma folha à parte.

4. **Versão final**

   a) Se possível, usem um computador para fazer a digitação do texto e a edição do anúncio compondo texto escrito e imagens. Se não for possível usar um computador, elaborem o anúncio em uma cartolina, façam desenhos e/ou colagens das imagens selecionadas e escrevam os textos usando tintas e canetinhas coloridas.

   b) Combinem com o professor e a direção da escola os lugares em que os anúncios podem ser divulgados. Verifiquem também a possibilidade de divulgá-los em outros lugares do bairro.

Autoavaliação

Como foi seu aprendizado nesta Unidade? Reflita sobre as perguntas a seguir. Depois, marque um **X** na opção que melhor representa seu desempenho.

1. Eu sei ler e interpretar anúncios publicitários?			
2. Eu sei escrever palavras formadas por prefixos?			
3. Eu reconheço verbos no modo imperativo e compreendo seu uso?			
4. Eu consigo produzir e gravar um anúncio falado?			
5. Eu sei escrever palavras com os sufixos **-OSO** e **-OSA**?			
6. Eu sei produzir um anúncio publicitário impresso?			

Sugestões

Para ler

- *Aventuras de uma gota d'água*, de Samuel Murgel Branco. São Paulo: Moderna, 2011.

  Neste livro você vai conhecer todo o ciclo da água na natureza, desde a formação das nuvens até o surgimento dos rios, passando pelas agressões que ela sofre com diversos tipos de poluição.

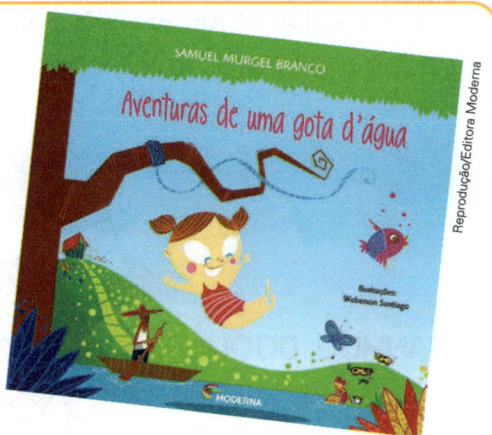

Para acessar

- http://edukatu.org.br

  O *site* Edukatu reúne vídeos, jogos, atividades e relatos de projetos ligados à sustentabilidade desenvolvidos por escolas. Nele você poderá trocar conhecimentos e práticas sobre consumo consciente com professores e alunos de todo o Brasil.

Conectando saberes

Consumismo

Você leu anúncios publicitários de campanhas a favor da preservação ao meio ambiente, da vacinação de animais, da proteção ao consumidor... São causas nobres, não? No entanto, nem todos os anúncios publicitários são voltados a causas como essas. É comum encontrar anúncios que procuram nos convencer a comprar, comprar e comprar, geralmente com apelos ligados a diversão e felicidade.

Mas será que é preciso consumir para se divertir e ser feliz?

1. Em sua opinião, as propagandas influenciam os nossos desejos? Você já teve vontade de comprar algo só porque viu uma propaganda?

2. Quais podem ser as consequências do consumo excessivo, ou seja, de comprar além daquilo que realmente precisamos?

- Reúna-se com os colegas e pensem em possíveis consequências para:

a) o indivíduo.   b) a sociedade.   c) o planeta.

Leia a seguir algumas dicas sobre consumo infantil e reflita sobre hábitos que podemos adotar para consumir menos, com mais qualidade e consciência.

GANHOU, DOOU!

Para que os armários não fiquem cheios de coisas guardadas que não usamos mais e ocupem muito espaço, que tal fazer um combinado? Para cada brinquedo ou roupa nova que ganhar ou comprar, que tal doar aquilo que ficou antigo para outras crianças? E o mais legal é que para o novo dono, tudo será novo de novo! Vale experimentar porque essa moda pode pegar!

EU QUERO OU EU PRECISO?

Vocês já pararam para pensar de onde vem nossa vontade de comprar alguma coisa? Será que tudo o que é anunciado na tevê nos interessa de verdade ou é um desejo passageiro? E, por último, será que precisamos de todas essas coisas e podemos comprar tudo que queremos? Por isso, que tal combinar primeiro o que vamos comprar ou se vamos comprar algo antes de ir passear num *shopping* ou supermercado? Assim ninguém fica triste; pais ou crianças. Outra ideia bacana é fazer uma economia junto com nossos pais para comprar algo que queremos muito ou escolher uma data bem especial para esse presente.

Ilustrações: Banco de imagens/Arquivo da editora

SABIA QUE LANCHES MAIS SAUDÁVEIS PODEM GERAR MENOS LIXO?

Será que podemos escolher nossos lanches de maneira mais saudável e que não produza tanto lixo? Frutas, sucos naturais e sanduíches feitos em casa são uma boa opção para nossa saúde e para a natureza. Uma boa ideia é tentar escolher nossos lanches não só pelos personagens que estão nas embalagens, mas pelas coisas boas que esses alimentos podem trazer para nossa saúde. Usar lancheiras ou potinhos também contribui para diminuir o lixo. Peça ajuda para seus pais!

TROCAR PODE SER MAIS DIVERTIDO QUE COMPRAR...

Vocês sabiam que crianças de outros países adoram trocar coisas em feiras? Muitas vezes famílias ou grupos de amigos organizam feiras de troca em espaços públicos como praças, igrejas ou parques. A ideia é muito simples: basta escolher um tema – roupas, material escolar, jogos, brinquedos, sapatos – e levar aquilo que não usamos ou não gostamos mais para trocar por outros itens. A única regra é querer trocar. [...]

Trechos de *Consumismo infantil: na contramão da sustentabilidade*, do Ministério do Meio Ambiente e com colaboração do Instituto Alana. p. 8. Disponível em: <http://criancaeconsumo.org.br/wp-content/uploads/2014/05/Consumismo-Infantil.pdf>. Acesso em: 19 jan. 2018.

3 Quais dessas dicas você já coloca em prática no dia a dia? Faça um ✓ ou um ✗ ao lado de cada uma delas.

4 O que é necessário para colocar essas ideias em prática? Reúna-se com os colegas e montem um esquema como o do exemplo a seguir.

Ações que podem ser adotadas	O que é preciso?	Quais são os benefícios da ação?
• Feira de trocas	• Combinar data e local. • Definir as regras de trocas. • Contar com participação dos colegas e com a autorização dos familiares.	• Desocupar armários cheios. • Interagir com os colegas. • Dar utilidade a objetos sem uso. • Economizar dinheiro e ainda assim ter peças novas.

UNIDADE 9

Estação teatro

Nesta Unidade, você vai:

- Interpretar um texto teatral, observando sua estrutura.
- Acentuar palavras.
- Escrever um texto teatral.
- Refletir sobre o uso de **R** e **RR**.
- Representar uma cena de peça teatral.
- Escrever palavras com **GUE**, **JE**, **GUI** e **QUI**.

💬 Observe a imagem ao lado e converse com os colegas e o professor sobre estas questões.

1. O que você vê na fotografia? Que lugar parece ser?

2. Que tipo de apresentação você imagina que aconteça nesse lugar?

3. Leia a legenda da imagem. Você já esteve nesse lugar ou em outro semelhante? Em caso afirmativo, como foi sua experiência? Em caso negativo, gostaria de ir a um lugar assim?

4. Em que lugares uma apresentação teatral pode acontecer?

5. Se você estivesse nesse palco, com a plateia cheia de espectadores, como imagina que se sentiria? E o que gostaria de apresentar ao público?

Participe do **Trabalho em equipe** no final da Unidade!

Interior do Theatro da Paz. Belém (PA), 2015.

Texto teatral

1. Você já assistiu ou gostaria de assistir a uma peça de teatro? Sobre o quê? Conte aos colegas.

2. O que é necessário para a realização de uma peça teatral? Converse com os colegas e imaginem como seriam algumas etapas dessa produção.

    a) Como surge a história de uma peça teatral?

    b) Como os atores se reúnem para decidir fazer uma apresentação?

    c) Além da atuação, que outras funções são necessárias para que uma peça aconteça?

    d) Que preparos são necessários até a estreia?

3. Observe esta imagem e leia a legenda que a acompanha.

Apresentação de teatro infantil do Projeto MudaMundo, em São José dos Campos (SP).

- Converse com os colegas e o professor sobre as questões a seguir.

    a) Como os atores estão posicionados no palco? Vocês acham que esse posicionamento foi combinado antes da apresentação?

    b) Observe a postura corporal de cada um deles. Quem parece estar falando? E o que os outros estão fazendo?

    c) Como os atores sabem o que têm de dizer e a hora certa de falar?

Conhecendo o texto

Agora, você vai ler um trecho de um texto teatral.

O Reino Adormecido

Personagens:

REI
RAINHA
ARAUTO REAL
CONSELHEIRO REAL

SÚDITO 1
SÚDITO 2
SÚDITO 3

1º ATO

Cena 1: *Praça do reino, bastante colorida. É dia de festa. No centro da praça, ao fundo, vê-se uma torre com um relógio bem grande ao alto. Os súditos, moradores do reino, cantam e dançam uma música animada. Jogam confete e serpentina na plateia. De repente, ouve-se um grito feminino muito alto, vindo de fora do palco, e um barulho seco. Súditos interrompem a dança e a cantoria, assustados.*

SÚDITO 1 — Que barulhão foi esse?

SÚDITO 2 — O que será que aconteceu? Será que alguém caiu?

SÚDITO 3 — Deus me livre, atchim e amém: o barulho veio lá das bandas do castelo!

Ouve-se o som de uma trombeta e em seguida entra em cena o Arauto Real.

ARAUTO — Atenção, muita atenção, povo do Reino Alegre. Tenho um anúncio muito triste a fazer.

Súditos se entreolham apreensivos.

ARAUTO — A linda princesa Clarice caiu do alto da torre do palácio e morreu.

TODOS — OOOOHHHH!

SÚDITO 3 — Mas morreu assim... bem morrida?

SÚDITO 1 — Silêncio, rapaz! Respeite o Arauto Real.

ARAUTO (*pigarreando*) — Como eu ia dizendo, a linda princesa Clarice caiu do alto da torre do palácio e morreu... Portanto, por decreto de Sua Majestade, o Rei Soberano, a partir de hoje todos os súditos devem retirar suas roupas coloridas e vestir roupas pretas. O Reino Alegre está de luto.

Arauto se retira.

SÚDITO 2 — Mas que tragédia! Coitadinha da Rainha!

SÚDITO 1 — E do Rei, então! Ele perdeu sua filha única.

[...]

Blackout | *Fim da Cena 1*

1º ATO

Cena 2: *Interior do palácio, sala do trono. O Rei e a Rainha estão sentados em seus tronos, cabisbaixos, com roupas pretas. O Conselheiro Real caminha de um lado pro outro, preocupado.*

CONSELHEIRO — Não fique assim, Majestade. Com o tempo a dor diminui...

REI — Não me venha com estas bobagens! Para que que eu preciso de um Conselheiro Real, se ele me diz a mesma coisa que todo mundo diz? (*imitando*) Não fique assim, Majestade. Com o tempo a dor diminui. Com o tempo a dor passa. Com o tempo a dor acaba... Assim não dá, todos dizem a mesma coisa, não é, minha Rainha?

    A Rainha se empina no trono, enche o peito de ar, faz que vai falar alguma coisa, mas acaba murchando e não diz nada, apenas balança a cabeça concordando com o Rei.

CONSELHEIRO — Mas é verdade, Majestade.

REI — Calado! Entenda uma coisa, Conselheiro. Eu não quero que a dor diminua. Eu não quero que a dor passe. Eu não quero que a dor acabe.

CONSELHEIRO — Não?

REI — Não. Eu quero guardar para sempre a tristeza que estou sentindo neste exato momento. Entendeu?

CONSELHEIRO — Entendi, Majestade.

REI — Então me aconselhe! Você não é meu Conselheiro Real? Aconselhe! Como eu faço para guardar no coração para sempre a dor deste exato momento?

CONSELHEIRO — Confesso que não sei, Majestade. Eu não posso fazer o tempo parar.

REI (*levantando-se num pulo*) — É isso mesmo! Você é um gênio!

O Rei bate palmas, empolgado; a Rainha bate palmas, sem empolgação, apenas acompanhando o marido.

CONSELHEIRO (*para a Rainha*) — Eu sou um gênio?

    Novamente a Rainha se empina no trono, enche o peito de ar, faz que vai falar alguma coisa, mas acaba murchando e não diz nada.

REI — Você me deu uma ideia fantástica! Eu não sou a alteza altezíssima deste reino? Eu não mando e desmando em tudo?

CONSELHEIRO — Claro que manda! E desmanda!

REI — Pois então! Vou fazer um decreto real mandando o tempo parar.

CONSELHEIRO — O tempo... parar?

REI — Isso mesmo. A partir de agora, o tempo está proibido de passar. Todo dia vai ser sempre o mesmo dia. E a minha dor vai ser sempre a mesma dor. Não é coisa de gênio, querida?

A Rainha apenas sacode os ombros.

Blackout | *Fim da Cena 2*

1º ATO

Cena 3: *Praça do reino, toda cinzenta e silenciosa. Os súditos estão num canto, conversando baixinho, todos de roupa preta. O Súdito 3 passa carvão no restinho branco da roupa, para escurecê-la. Entra o Arauto Real, tocando sua trombeta.*

ARAUTO — Atenção, muita atenção, povo do Reino Triste. Tenho mais um anúncio a fazer.

SÚDITO 3 (*para os outros dois*) — Assim não é possível! Eu nem acabei de escurecer minha roupa e lá vem mais uma? Só falta ele mandar a gente usar roupa rosa-shocking...

SÚDITO 1 — Silêncio, rapaz, olha o respeito!

ARAUTO — Por ordem de Sua Majestade, o Rei soberano do Reino Triste, o tempo está proibido de passar.

Os súditos se entreolham assustados.

ARAUTO — A partir deste instante, é proibido possuir relógios de qualquer tipo. Relógios de mesa, relógios de parede, cucos...

SÚDITO 3 (*levantando a mão*) — Ampulhetas?

ARAUTO (*repetindo impaciente*) — Ampulhetas também. Qualquer tipo de relógio deve ser destruído imediatamente. Quem desobedecer vai para a forca.

SÚDITO 3 — Oba, eu sou muito bom no jogo da forca! (*pega o carvão e desenha uma forca no chão e sete riscos*) Vamos lá, sete letras!

SÚDITO 1 — Cale a boca. Não brinque com coisa séria.

O Arauto vira de costas e arranca o relógio da torre da praça. Depois volta-se muito sério para a plateia.

ARAUTO — Nenhum relógio, ouviram bem? Eu vou revistar todo mundo! (*vai até a plateia e finge confiscar os relógios*)

Blackout *no palco, luzes na plateia. Em seguida, apagam-se as luzes da plateia e, no palco, surgem luzes piscando (ou luz estroboscópica) e se vê todo mundo parado no mesmo lugar, fazendo mínimos gestos, durante alguns segundos.*

[...]

SÚDITO 2 — Eu não suporto mais este reino adormecido. Todo dia é a mesma coisa, todo dia o mesmo dia. Ninguém envelhece, ninguém morre, ninguém nasce.

Blackout | *Fim da Cena 3* | *Fim do 1º Ato*

[...]

O Reino Adormecido, de Leo Cunha. Rio de Janeiro: Record, 2011. p. 5-13.

Interpretação, linguagem e construção do texto

1 No texto que você leu, o rei está sofrendo pela morte de sua filha. Ele quer que esse sofrimento passe?

- Em sua opinião, por que o rei tem esse desejo? Que benefício ele acredita que teria? Converse com os colegas.

2 Que ideias ele teve para tentar fazer esse desejo se cumprir?

a) Que medidas ele tomou para colocar essa ideia em prática? Quais foram os decretos do rei?

b) Ao tomar essas medidas, você acha que o rei estava pensando só nele ou em toda a população do reino? Por quê? Explique sua opinião aos colegas.

c) Em sua opinião, os decretos do rei poderiam fazer diferença em relação à dor que ele sentia?

3 Como o conselheiro reagiu ao saber que o rei mandaria o tempo parar?

- Como você chegou a essa conclusão?

4 E qual foi a reação da rainha?

5 O texto "O Reino Adormecido" foi escrito:

☐ para ser encenado. ☐ para ser somente lido.

6 E para quem ele foi escrito?

_____

_____

7 O texto teatral é parte fundamental de uma peça teatral, que pode apresentar uma ou mais personagens e cenário, entre outros elementos. Sobre peças teatrais, responda às questões a seguir.

a) Após conhecer um trecho do texto, como você imagina a encenação da peça "O Reino Adormecido"? Como seriam o cenário, o figurino, etc.?

_____

_____

_____

b) Você gostaria de assistir a essa peça? Por quê?

_____

_____

c) Você assistiria a outras peças teatrais? O que desperta seu interesse nessa forma de arte? Converse com os colegas e o professor.

8 Observe novamente o texto "O Reino Adormecido" e o modo como ele está organizado. Por que o nome das personagens aparece antes das falas?

_____

_____

> O **texto teatral** é escrito para ser encenado e, por isso, as falas das personagens são essenciais para a construção da história. A indicação do nome das personagens antes das falas é uma das características desse gênero textual.

9 Releia este trecho e converse com os colegas sobre as questões a seguir.

> **ARAUTO** (*repetindo impaciente*) — Ampulhetas também. Qualquer tipo de relógio deve ser destruído imediatamente. Quem desobedecer vai para a forca.
> **SÚDITO 3** — Oba, eu sou muito bom no jogo da forca! (*pega o carvão e desenha uma forca no chão e sete riscos*) Vamos lá, sete letras!

a) O que as frases entre parênteses indicam?

b) Além dos parênteses, que outro destaque foi dado para essas frases?

10 Nesse texto teatral não aparece um narrador contando a história. Por quê?

■ Como, então, ficamos conhecendo as características das personagens?

> Em uma peça teatral, o narrador quase nunca aparece em cena contando a história. Essa função é exercida pelas próprias personagens, que revelam suas características por suas falas, suas ações e suas emoções.
> Os atores ficam sabendo como suas personagens devem falar e agir por meio das indicações entre parênteses, chamadas de **rubricas**.

Refletindo sobre a língua

1 Releia a frase a seguir, extraída do texto "O Reino Adormecido".

Os súditos, moradores do reino, cantam e dançam uma música animada.

a) Sublinhe na frase as palavras que estão acentuadas.

b) Identifique e circule a sílaba tônica das palavras que você sublinhou.

c) Podemos dizer que essas palavras são:

☐ oxítonas, pois a sílaba tônica é a última.

☐ paroxítonas, pois a sílaba tônica é a penúltima.

☐ proparoxítonas, pois a sílaba tônica é a antepenúltima.

2 Em cada grupo de palavras a seguir há uma palavra acentuada de forma incorreta. Circule-a e reescreva-a corretamente.

plástico	arvoré	sólido
numéro	pássaro	óculos
cérebro	lagríma	príncipe
binóculo	última	grafíco
petalá	matemática	cálice
máximo	semáforo	maquína
silabá	médico	tática

a) Pensando na posição da sílaba tônica, as palavras dos grupos acima são:

☐ oxítonas.   ☐ paroxítonas.   ☐ proparoxítonas.

b) Que semelhança há na escrita dessas palavras?

3 Releia outra frase retirada do texto.

> O que será que aconteceu? Será que alguém caiu?

a) Copie dessa frase as palavras que foram acentuadas.

_____

b) Considerando a posição da sílaba tônica, essas palavras são:

☐ oxítonas.   ☐ paroxítonas.   ☐ proparoxítonas.

■ Por que essas palavras recebem essa classificação?

4 As palavras destes quadros foram escritas sem acento. Reúna-se com um colega e reescrevam todas as palavras, acentuando-as corretamente.

Palavras oxítonas	Terminadas em	Palavras acentuadas
maracuja, atras	-a(s)	
cafe, voces	-e(s)	
domino, vovos	-o(s)	
tambem, parabens	-em (-ens)	

Palavras paroxítonas	Terminadas em	Palavras acentuadas
taxi, lapis, virus	-i(s), -us	
imã, orfão	-ã(s), -ão(s)	
album, foruns	-um (-uns)	
dificil, eletrons, açucar, torax	-l, -n(s), r, -x	
biceps	-ps	

■ Após preencher os quadros, consultem um dicionário para verificar se acertaram a acentuação das palavras. Façam as correções necessárias.

UNIDADE 9

5 Circule a sílaba tônica das palavras. Em seguida, classifique cada uma delas quanto à posição da sílaba tônica.

mesa .... coice ....

mexendo .... banco ....

sabiá .... jardineiro ....

hoje .... Brasil ....

vitrine .... bancário ....

faxina .... humanos ....

6 Escreva o nome de cada objeto acentuando-o corretamente.

Ilustrações: Adolar/Arquivo da editora

Bloco de notas

Acentuação

- O que você aprendeu sobre a acentuação das palavras? Faça um pequeno parágrafo com suas conclusões.

241

Diversão em palavras

1 Reúna-se com alguns colegas para brincar com o jogo **Concentre-se na acentuação**. O objetivo é descobrir quais palavras estão corretas e quais devem ser acentuadas!

Material
- 1 saquinho plástico ou envelope de papel.
- 33 cartões feitos de cartolina ou papel sulfite, cortados com aproximadamente 5 cm × 5 cm. Em cada cartão deve estar escrita uma das palavras a seguir, do mesmo modo como aparecem aqui.

lapis	ontem	posição	tonica	onibus	barbaro
cafe	sera	palavra	cadaver	mamãezinha	tunel
pertence	vogais	oxitona	orgãos	femur	agredir
partia	forceps	humus	anel	afavel	atras
anjo	alguem	taxi	hera	sofa	avo
albuns	hifen	biceps			

Como jogar

a) Um aluno da turma deve ser escolhido para ser o juiz do jogo.

b) O primeiro jogador sorteia uma palavra e a lê em voz alta, dizendo se acha que ela deve ser acentuada ou não.

c) Caso o jogador ache que a palavra sorteada deve ser acentuada, ele deve informar qual é o acento e sobre qual letra deve ser aplicado. Depois, deve justificar o uso do acento de acordo com as regras de acentuação estudadas.

d) Se o jogador disser que a palavra sorteada não deve ser acentuada, também deverá justificar a ausência do acento de acordo com as regras de acentuação estudadas.

e) O juiz é o responsável por conferir se as explicações estão certas ou erradas. Se ele tiver dúvida, deve solicitar ajuda ao professor.

f) Se acertar a explicação, o jogador ganha 1 ponto e passa a vez para outro integrante do grupo. Se errar a explicação, o jogador não ganha o ponto e a palavra volta para o saquinho.

g) O jogo termina quando não houver mais cartões no saquinho ou envelope. Ganha o aluno que, ao final, tiver somado mais pontos.

2 Escreva abaixo as palavras do jogo **Concentre-se na acentuação** que tiveram de ser corrigidas durante a brincadeira, acentuando-as.

Dica: Para lembrar de todas, reveja os cartões ou a lista de palavras da página anterior.

Vamos falar sobre...

Participação social

Todos podemos, de alguma maneira, participar ativamente da comunidade em que vivemos. Na escola, por exemplo, é possível participar do grêmio estudantil ou de campanhas voluntárias. No bairro, é possível associar-se a grupos de amigos da rua, grupos que defendem causas ambientais, que organizam movimentos comunitários, etc.

Ao contrário do que fez o rei no texto teatral que você leu, cujas atitudes eram voltadas para o bem-estar individual, essas iniciativas buscam o bem-estar coletivo. Algumas podem ser desempenhadas apenas por adultos, mas há outras em que a participação de crianças e adolescentes não apenas é possível, mas também é necessária.

- Converse sobre as questões a seguir com os colegas e o professor.

    a) Você ou seus familiares já se engajaram em iniciativas sociais? Se sim, como foi a experiência?

    b) De que iniciativa você gostaria de participar ou continuar participando? Por que você acha essa iniciativa importante para o bem-estar coletivo?

    c) Como você e os colegas poderiam participar mais das iniciativas ou decisões tomadas na escola, de modo que elas correspondessem aos interesses da maioria?

Entre linhas e ideias

Você leu um trecho do texto teatral "O Reino Adormecido". Você acha que esse texto tem como única função entreter o público?

Nesta seção, você e seus colegas vão produzir um texto teatral para incentivar os colegas da escola e seus familiares a se engajar socialmente.

1. **Planejamento**

    a) Com a turma toda reunida, discutam qual vai ser o tema central da história. Lembrem-se de que o objetivo do texto teatral que vocês vão desenvolver é incentivar as pessoas a se engajar socialmente. Portanto, o tema deverá estar relacionado a esse propósito.

    b) Pensem em como será a introdução (indicando onde e quando a história acontece), o desenvolvimento (conflitos, clímax) e a conclusão (resolução dos conflitos, desfecho) da história.

    c) Definam as personagens que vão compor as cenas. Estabeleçam o nome delas, as características físicas e psicológicas, etc.

    d) Definam quantas cenas a peça terá, o que acontecerá em cada uma delas e qual será a sequência.

    e) Organizem-se em grupos. Cada grupo ficará responsável por escrever o roteiro de uma cena. Depois, discutam com toda a turma como a cena será desenvolvida.

2. **Primeira versão**

    a) Elejam uma pessoa do grupo para registrar a história.

    b) Elaborem as descrições do cenário e das personagens. Escolham um recurso gráfico diferente para aplicar nessas partes do texto.

    c) Imaginem como seria a atuação das personagens e, sempre que necessário, descrevam os movimentos que elas deverão fazer, a expressão facial que terão e que emoção passarão ao público.

    d) Criem e escrevam as falas das personagens utilizando o travessão. Não se esqueçam de destacar o nome de cada uma no restante do texto.

    e) Troquem o roteiro com os outros grupos, para que os colegas possam ler e sugerir modificações na cena. Se acharem necessário, mostrem a cena também para o professor, pois, se houver algum problema, ele poderá ajudar a deixar o roteiro mais claro. Complementem a cena conforme as sugestões.

3. **Revisão**

   a) Releiam o texto que produziram e o avaliem de acordo com os tópicos do quadro a seguir.

   - As falas das personagens foram introduzidas com travessão e com o nome de cada uma delas destacado do texto?
   - As falas correspondem às personagens corretas?
   - Foram inseridas, quando necessário, descrições de movimentos, emoções e expressões das personagens?
   - Há descrição do cenário?
   - Essas descrições foram indicadas com um recurso gráfico diferenciado?
   - A grafia e a acentuação das palavras está correta?
   - O texto está pontuado adequadamente?
   - A turma escolheu um título para a peça?

   b) Entreguem o texto ao professor para correção.

4. **Versão final**

   a) Passem o texto a limpo de acordo com as alterações que julgarem necessárias.

   b) Se possível, combinem com o professor um momento para a digitação do texto.

   c) Guardem o roteiro para encená-lo na seção **Trabalho em equipe**, ao final desta Unidade.

Descobertas sobre a escrita

1 Leia estes pares de palavras e observe o significado de cada uma delas.

co**mprido**: longo, extenso
cu**mprido**: realizado, executado

caç**ar**: perseguir
cass**ar**: anular, revogar

- Qual é a diferença entre as palavras de cada par? Converse com os colegas.

2 Complete as frases a seguir usando uma das palavras entre parênteses. Se necessário, consulte um dicionário para fazer a escolha certa.

a) Eu _____ (aço/asso) o frango na churrasqueira.

b) Na _____-feira (sexta/cesta) vamos encontrar nossa prima.

c) Os autores de peças de teatro fazem uma _____ (descrição/discrição) minuciosa dos detalhes da encenação.

d) A _____ (sexta/cesta) está cheia de legumes.

3 As palavras a seguir foram escritas com grafia incorreta. Reescreva-as corretamente. Depois, observe o que elas têm em comum e escreva a regra ortográfica em que você se baseou.

Grafia incorreta	Grafia correta	Regra ortográfica
corida		
soriso		

Grafia incorreta	Grafia correta	Regra ortográfica
enrroscado		
desrrespeito		

Grafia incorreta	Grafia correta	Regra ortográfica
arrado		
parrede		

UNIDADE 9

Praticando a fala e a escuta

Agora é a sua vez de atuar! Você e seus colegas vão encenar um trecho que leram do texto "O Reino Adormecido" para as outras turmas da escola na data marcada pelo professor.

1. **Planejamento**

   a) Organizem-se em três grupos. Cada grupo será responsável por encenar uma das três cenas do texto "O Reino Adormecido".

   b) Com a ajuda do professor, definam com qual cena cada grupo ficará.

   c) Em conjunto, releiam o trecho do texto que vão encenar. Discutam sobre como seria a encenação.

   d) Verifiquem no texto as partes entre parênteses e em itálico que indicam como os atores devem falar e se movimentar no palco.

   e) Discutam as diferentes posturas que os atores que representam a família real e os súditos deverão ter.

   f) Decidam quem representará cada personagem. De acordo com a quantidade de integrantes do grupo, vocês podem:

   - organizar mais de uma montagem da mesma cena, mudando alguns detalhes em cada encenação e garantindo que todos atuem;
   - escolher apenas alguns integrantes para atuar, com o restante do grupo cuidando de detalhes técnicos como direção, figurino, cenário e sonoplastia.

2. **Ensaio**

   a) Separem as falas e leiam em voz alta a cena correspondente ao grupo, pensando nos efeitos sonoros, nas emoções e nos movimentos que estão nas indicações entre parênteses e que não devem ser lidas, mas interpretadas por vocês.

   b) Decorem suas falas, treinem na frente do espelho e apresentem-se para seus familiares, lembrando-se dos gestos, dos movimentos e das emoções descritos na cena escolhida.

   c) Com a ajuda do professor, organizem um espaço para o ensaio e a encenação. O local pode ser caracterizado com a descrição de cenário indicada no trecho do roteiro da peça.

   d) O professor vai ajudar a compor o figurino e a fazer a maquiagem e a sonoplastia.

3. **Encenação**

   a) Antes de iniciar a encenação, respirem fundo e procurem falar com uma entonação de voz que todos consigam compreender. Pronunciem as palavras de modo claro, nem tão rápido nem tão devagar, assim fica mais fácil para a plateia entender.

   b) Se na hora da encenação vocês se esquecerem de alguma fala, improvisem, procurando lembrar dos movimentos e gestos de sua personagem, além da emoção que precisam transmitir.

   c) Respeitem a encenação dos colegas, ficando em silêncio e prestando atenção quando eles estiverem atuando.

4. **Avaliação**

   ■ Conversem com o professor sobre a encenação para avaliá-la de acordo com o quadro a seguir.

   - As falas foram pronunciadas de modo que todos puderam ouvir e compreender?
   - As falas foram decoradas? Vocês improvisaram quando necessário?
   - Os movimentos e gestos estavam de acordo com os textos entre parênteses e em itálico (a rubrica)?
   - Os cenários e a sonoplastia estavam adequados à cena do roteiro?
   - A maquiagem e os figurinos tinham relação com a caracterização das personagens?
   - A apresentação transmitiu emoção aos colegas?
   - Todos ficaram em silêncio e respeitaram os colegas durante a atuação?

Descobertas sobre a escrita

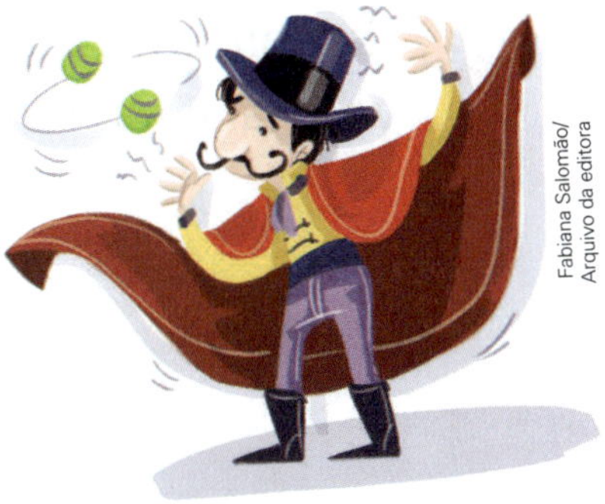

1 Substitua os círculos por sílabas e forme palavras.

●quilo

●tarra

gaio●

ji●

●go

ja●nesa

●gua

joe●

●gueira

ju●

●gica

via●

2 Observe as imagens e escreva nos quadros o nome delas. Depois, forme uma frase para cada imagem utilizando a palavra que as nomeia.

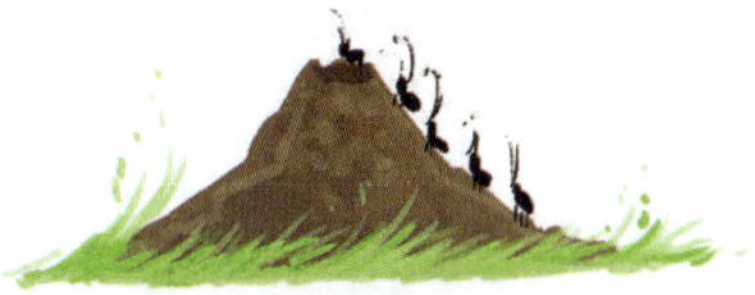

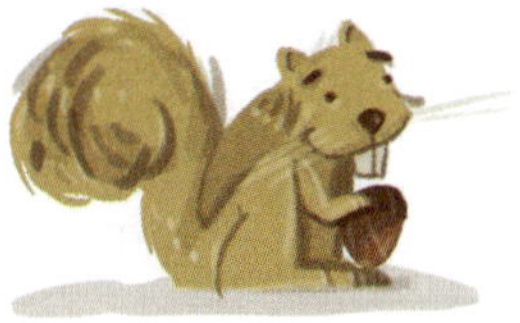

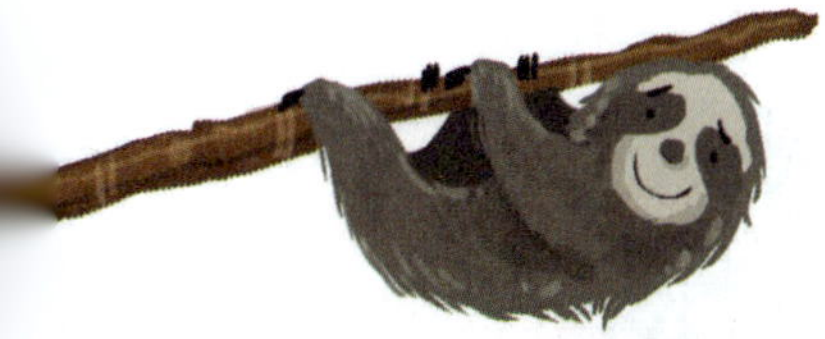

3 Complete os diagramas com uma destas sílabas para formar palavras na vertical e na horizontal. Depois, escreva as palavras formadas.

| JE | GUE | GUI | QUI |

	GOR	
TRA		TO
	TA	

	LA	
FO		NHO
	NHO	

	FO	
JO		TE
	TE	

	BAN	
PIN		LA
	LA	

	MOS	
ES		NA
	TO	

	PES	
ES		LO
	SA	

Ilustrações: Fabiana Salomão/Arquivo da editora

UNIDADE 9

Autoavaliação

Como foi seu aprendizado nesta Unidade? Reflita sobre estas perguntas. Depois, marque um **X** na opção que melhor representa seu desempenho.

1. Eu consigo interpretar um texto teatral e compreender sua estrutura?			
2. Eu acentuo as palavras corretamente?			
3. Eu consigo escrever um texto teatral?			
4. Eu identifico quando devo utilizar **R** e **RR**?			
5. Eu consigo representar uma cena de peça teatral?			
6. Eu consigo escrever palavras com **GUE**, **JE**, **GUI** e **QUI**?			

Sugestões

 Para ler

- *Pluft, o Fantasminha e outras peças*, de Maria Clara Machado. Rio de Janeiro: Nova Fronteira, 2009. (Coleção Teatro de Maria Clara Machado).

  Pluft é um fantasminha tímido que tem medo das pessoas, até conhecer Maribel e ajudar a menina. Nesse volume você encontrará peças como *O rapto das cebolinhas*, *O Chapeuzinho Vermelho*, *O boi e o burro no caminho de Belém* e *A coruja Sofia*.

- *Teatro*, de Raquel Coelho. São Paulo: Formato, 2001. (Coleção No caminho das artes).

  O livro traz cenários, personagens, objetos e informações sobre o universo teatral.

Trabalho em equipe

Encenando ideias

Você e os colegas vão produzir a encenação do texto teatral que escreveram para incentivar os espectadores a se engajar socialmente. Para isso, terão de trabalhar em equipe e cuidar de todos os detalhes necessários à montagem do espetáculo e da divulgação ao público.

Aproveitem o trabalho para exercitar a criatividade, a expressão corporal, o trabalho em conjunto, a tolerância e a solidariedade.

Máscaras de comédia e tragédia, usadas como símbolo do teatro.

Apresentação de teatro de bonecos.

Etapas

1 Pensando sobre o tema

- O que é preciso para encenar uma peça de teatro?

2 Desenvolvendo o trabalho

a) Em pequenos grupos, façam algumas atividades de expressão da voz e do corpo para ajudá-los no momento da encenação.

- Reúnam-se em um espaço da sala de aula e, individualmente ou em duplas, recitem um trava-língua de sua escolha com expressividade, clareza e ritmo.

- Organizem-se em círculos. Um aluno deverá ir ao centro do círculo e cobrir o nariz e a boca com uma folha de papel, deixando à mostra apenas os olhos. Pela expressão dos olhos, esse aluno procurará transmitir os sentimentos que os colegas sugerirem: alegria, tristeza, admiração, medo, vergonha, indiferença, surpresa, etc. Depois, ele volta ao seu lugar e outro aluno vai ao centro do círculo, e assim sucessivamente, até todos se apresentarem.

- Imaginem algumas situações que envolvam movimentos do corpo e representem-nas, se possível, com um fundo musical. Vejam algumas sugestões: subir e descer escadas, atravessar uma rua cheia de gente, andar à beira de um rio ou tanque com água, caminhar à beira de um precipício, saltar um buraco bem grande.

b) Retomem o texto teatral que vocês elaboraram. Leiam as descrições do cenário e discutam como ele será elaborado. Elejam alguns alunos para ficarem responsáveis por sua produção.

c) Pensem também no fundo musical para enriquecer a encenação e escolham um aluno para ficar responsável por reproduzir as músicas ou os efeitos sonoros nos momentos que estabeleceram.

d) Desenhem os figurinos, isto é, façam os desenhos das roupas que serão usadas pelos atores no dia da apresentação da peça teatral. Escolham alguns alunos para ficarem responsáveis pelos figurinos.

e) Decidam quais alunos serão os atores. Eles deverão decorar todas as falas dos respectivos personagens e as descrições de suas ações para a interpretação.

f) Escolham um aluno para ser o diretor da montagem, ou seja, para orientar a atuação dos atores.

g) Combinem com o professor um dia para realizar a apresentação.

h) Convidem seus familiares e os colegas de outras turmas para assistirem à peça. Elaborem convites e cartazes de divulgação.

i) Com a ajuda do professor, ensaiem a apresentação. Reproduzam as falas em voz alta e clara. Depois, conversem sobre como foram os ensaios e realizem os ajustes que julgarem necessários.

3 Apresentação de peça teatral

a) Chegou o dia da apresentação da peça! Fiquem calmos e refaçam os exercícios respiratórios indicados anteriormente para que consigam relaxar.

b) Caso se esqueçam de alguma fala, estejam prontos para improvisar.

4 Concluindo

- Com os colegas e o professor, conversem sobre a seguinte questão: Qual é a importância da integração com os colegas na elaboração do texto e na apresentação de uma cena teatral?

Convite literário

254

Você já leu e conhece alguns contos populares, não é mesmo?

Os contos populares têm origem na tradição oral e se difundiram ao longo do tempo por meio de contadores de história, presentes em diversas culturas do mundo.

Hoje em dia, muitos desses contos são publicados em livros, mas a contação dessas histórias continua sendo uma importante marca da cultura popular.

Agora, você vai ler e apreciar três contos, recontados por autores diferentes, que apresentam relação direta com a oralidade. Depois da leitura, vai realizar algumas atividades e ampliar o estudo sobre essas culturas e sua diversidade.

Bom trabalho!

Convite literário

Você vai ler um conto de Reginaldo Prandi, que narra uma história vivida por um garoto indígena.

Texto 1

Resgate na floresta

Não faz muito tempo, um barco de traficantes de animais, repleto de gaiolas com bichos de toda espécie, apontou no **igarapé**. Não longe dali, um menino indígena remava sua pequena canoa. Eram dois os caçadores, viu o menino.

Os caçadores atracaram o barco e foram à terra. Procuravam uma espécie rara de macaco, uma encomenda ilegal de animal silvestre difícil de encontrar. Eles localizaram a presa: uma macaca adulta com seu filhote. Prepararam as armadilhas que fazem do seu dia a dia um amontoado de obras **vis** e desumanas. A macaca conseguiu escapar, mas perdeu o filhote para os homens. E o macaquinho era tudo que eles queriam.

Igarapé: rio pequeno.
Vil: que causa desprezo.

O narrador desse conto conhece os fatos e os pensamentos das personagens e às vezes opina sobre aquilo que narra.
Neste parágrafo, você consegue identificar a opinião do narrador?
Dando esse tipo de opinião, que posicionamento ele revela em relação ao ato praticado pelas personagens?

Juntaram a nova presa às demais, e o barco partiu na direção do mercado da cidade grande. O indiozinho os seguiu em sua canoinha, disposto a recuperar o bichinho e libertar os demais enjaulados.

Foram dias e dias de difícil viagem. À noite, quando o barco parava para o sono dos bandidos, o menino continuava remando para superar a distância que o barco a motor impunha à canoinha de remos que só contavam com a pouca força física de um menininho.

De madrugada, o barco seguia viagem. O menino ia atrás.

Em Belém, um entreposto de contrabandistas e traficantes escondido perto do mercado Ver-o-Peso foi o ponto de chegada.

Você conhece o mercado Ver-o-Peso? Ele é um famoso ponto turístico e cultural do Pará. Nele há uma grande variedade de produtos, como frutas, doces, peixes, ervas medicinais, essências, temperos, artesanato.

Se você mora na região, é possível que o conheça, não é mesmo?

Caso não more, responda: Onde você mora existe um mercado assim? Você já o visitou?

Convite literário

[...] O menino então subiu a bordo, abriu as gaiolas e os sacos e **exortou** à fuga os animais sobreviventes, enfraquecidos por aquela viagem de horrores. Pegou o macaquinho nos braços, disposto a devolvê-lo à mãe, e na pequena embarcação tomou o caminho de volta.

Mais adiante, o dia escureceu. Era apenas meio-dia, e o sol sumiu.

O menino já conhecia aquela história de ouvir contar. Agora, ali no meio do rio e no escuro, levando o filhote da macaca, teve certeza de que a história se repetia: o caso da onça ciumenta que se apaixonou pelo sol. Para que ninguém mais tivesse a luz do sol e seu calor, a onça o engoliu. Aproveitou-se de um crepúsculo, quando o astro estava bem perto da margem do **Grande Rio**, e, nhoc!, o devorou inteirinho, com toda sua resplandescência. A escuridão se abateu sobre o mundo.

Exortar: estimular.
Grande Rio: modo como é chamado o rio Amazonas.

O menino não podia prosseguir no escuro e no frio da noite eterna que se iniciava. Não poderia devolver o macaquinho à mãe. Estava disposto a qualquer sacrifício. Usaria da sabedoria de sua gente para completar a missão. Afinal, ele era um índio, pensou, orgulhoso de suas tradições. Tinha que trazer a luz de volta e devolver o pequeno macaco à mãe.

Ele aprendera com o avô a história da onça e sabia de seus costumes. No fim da tarde, o felino ia beber água na lagoa. O menino, sempre cuidando do macaquinho, postou-se lá e esperou.

O contador de histórias exerce um papel de guardião das memórias de um povo.

Você já ouviu uma história contada por uma pessoa de sua comunidade? Se sim, o que achou da experiência?

Quando a onça veio beber água, ele viu que o bicho, agora redondo e ainda mais majestoso, iluminava a lagoa quando sua língua lambia a superfície da água para matar a sede. De sua barriga, escapavam pela boca alguns raios do sol aprisionado. O sol estava vivo, comemorou o indiozinho. Era só questão de libertá-lo. Outro resgate, pensou.

Depois de beber água, a onça dormiu ali mesmo. De comida nunca mais precisaria, toda a energia que comanda a vida na terra estava armazenada em seu bucho.

Quando a onça ronronava, num sonho feliz, o menino se aproximou e, com uma pena de arara, ave que gosta de rir e fazer rir, se pôs a provocar cócegas na barriga da onça. Numa reação de descontração e entrega, a onça escancarou a boca. Raios do sol iluminaram o rosto do menino.

A cócega continuou, agora em torno dos beiços da dorminhoca. A onça tanto se mexeu, tanto riu e tanto abriu a boca que, eia!, o sol se livrou da barriga que o prendia e voltou correndo para o firmamento.

Com a luz do dia restabelecida, o menino pôde continuar a viagem e devolver o macaquinho a seu lugar.

Reginaldo Prandi. *Contos e lendas da Amazônia*. São Paulo: Companhia das Letras, 2011. p. 193-199.

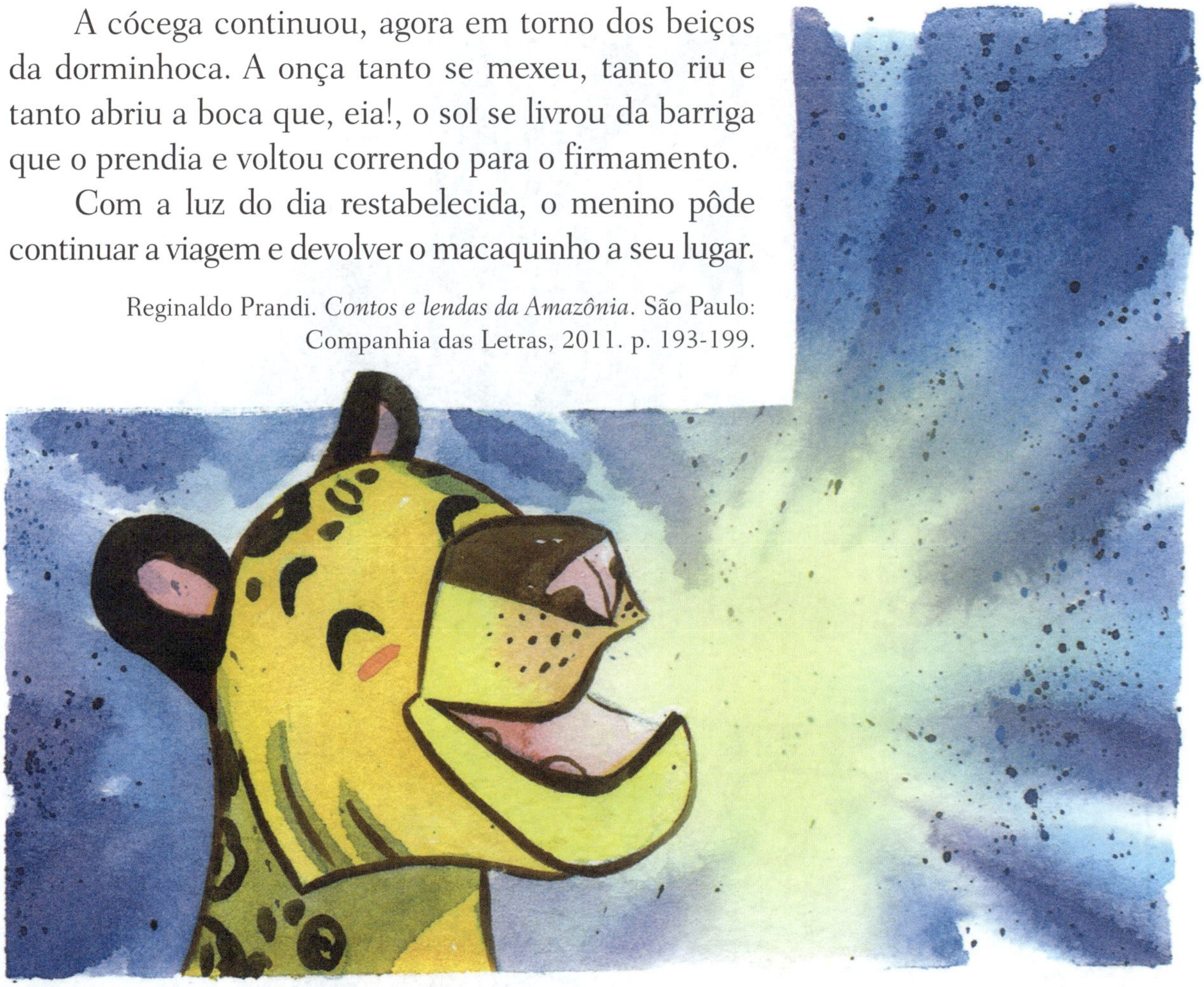

Fernanda Montoni/Arquivo da editora

Nilton Fukuda/Folhapress

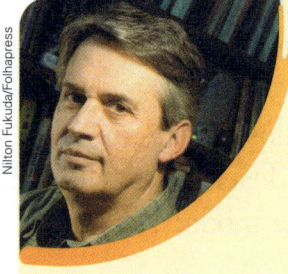

O autor paulista **Reginaldo Prandi** é sociólogo e professor universitário. Ele escreve para o público adulto e também para o infantojuvenil.

Convite literário

Texto 2

Agora você vai ler um conto que trata da vida de um garoto africano refugiado, escrito por Ernesto J. Rodríguez Abad.

Babakar

Babakar tinha quinze anos e queria voltar para sua terra. Sentava-se em uma esquina do abrigo em que o haviam internado. Tinha vindo procurando a liberdade e encontrou uma casa com grades.

Babakar é um refugiado. Refugiar-se é partir para um lugar seguro procurando proteção.
O que pode levar pessoas a sair de seu país e buscar refúgio? Como você acha que vive um refugiado?

Contaram-lhe muitas coisas, tinha conversado com viajantes que vinham dos longínquos países da Europa e lhe contavam como era a terra em que as pessoas viviam rodeadas de tudo o que quisessem.

Babakar tinha sonhado em levar ao lugar de seus antepassados coisas que eles jamais tinham visto. Sonhava com carros velozes para atravessar o deserto. Imaginava voar em teco-tecos desordeiros, cortando o céu. Relógios da última moda. Telefones, roupas, tênis.

Mesmo que não pudesse tocar as coisas, sonhava com elas.

Imaginava grandes comércios, os parques, as avenidas, as cafeterias. Mas ele não podia ir.

Estava, com outros companheiros, em um lugar com grades.

Mas, um dia, Babakar se lembrou do avô. Viu-o embaixo da árvore do entardecer. Tecendo histórias e as dando de presente para as pessoas do povoado. Depois, eles eram felizes com as vidas de sonho que ele lhes entregava.

Apoiado na parede sebosa, lembrou-se, como uma fantasia, de um dos contos mais bonitos que seu avô havia contado. Falava de amizade e colaboração. Eles precisavam saber que, se ajudassem uns aos outros, a vida podia ser mais suportável. Reuniu quatro companheiros de olhar sombrio e disse:

> Para Babakar, o sonho foi uma possibilidade de sobreviver e alimentar a esperança. Ele criou um mundo novo pela imaginação.
>
> Você já imaginou coisas boas acontecendo? Se sentiria à vontade para contá-las aos colegas?

> Por que esse seria um dos contos mais bonitos? O que poderia haver de tão especial nele?

Convite literário

"Um passarinho ficou um dia esperando sua mãe na copa de uma árvore.

Ela havia partido, sozinha, para procurar comida por outros lugares. Ele ficou em um galho, triste e desvalido. Esperava sua mãe muito nervoso, mas quem chegou foi a noite escura. As horas passaram muito lentas, e o dia veio buscar a luz. A mãe não tinha voltado.

O passarinho começou a sentir medo. Estava paralisado e sem voz, porque, de tanto gritar, as palavras tinham fugido.

As horas passavam lentas e entediantes. Tentava cantar e não conseguia.

Ao entardecer do dia seguinte, apareceu uma velha hiena manca debaixo da árvore. Uivou. O pássaro se assustou. A hiena lhe pediu para descer, que ela cuidaria dele, daria-lhe comida e o adotaria como se fosse seu filho.

Ele pensou que ela queria enganá-lo. Os outros pássaros tinham lhe contado que as hienas eram malvadas e mentirosas.

Ele tinha certeza de que ela o devoraria sem pensar. Olhava-a e a imaginava o saboreando.

Ao amanhecer do dia seguinte, ela continuava uivando embaixo da árvore.

— Anda, desce, acredite em mim. Eu cuidarei de você.

— Não, com certeza você me comerá.

— Não seja desconfiado.

— Não.

— Precisamos acreditar nos outros.

— Você é malvada e com certeza está com fome.

— Você precisa confiar na minha palavra. Não somos todos iguais.

— Você não está me enganando mesmo?

— Já sou velha e estou sozinha. A única coisa que quero é te ajudar.

E aconteceu uma coisa estranha. Nunca na selva se viu uma hiena cuidar e educar um passarinho. Mas todos os animais entenderam que, se colaborassem, se ajudassem, podiam viver melhor."

Quando terminou o relato que seu avô lhe havia contado nos confins da selva, Babakar notou que as caras dos seus companheiros brilhavam de maneira diferente. As paredes sebosas do pátio pareciam mais bonitas e o sol era semelhante ao da África.

Confim: lugar isolado, longínquo.

A partir daquele dia, ele virou presenteador de histórias. Ele e seus companheiros compreenderam que poderiam ser mais felizes se deixassem a imaginação voar e vivessem nos contos.

Por que você acha que Babakar pensou nessa história naquele momento? O que essa história tinha em comum com a história dele próprio?

O que seria um "presenteador de histórias"?

Convite literário

Ninguém sabe disso, mas as palavras nos oferecem refúgios, como pequenos ninhos. Estão dentro delas. Só precisamos abri-las e nos encolhermos bem no fundo.

A partir daquela tarde, teceu uma história especial para cada companheiro. Para o que desejava ser jogador de futebol em um time extraordinário, contou uma história que o fez viver a experiência de participar das copas do mundo e ser campeão; o que queria ser cantor soube o que era o sucesso em uma banda de *rock*, viajando por todo o mundo em uma caminhonete cor-de-rosa, cheia de adesivos e mensagens de fãs. Outro viajou à Lua em um foguete espacial. Outro se casou com uma princesa, virou um preguiçoso e ficou gordo como um hipopótamo. Outro foi policial e viveu aventuras extraordinárias. Não se encaravam mais como garotos chatos de um abrigo. Viam o que poderiam ser quando se olhavam e falavam cheios de esperança.

> A linguagem desse conto é bastante poética. Neste parágrafo, é possível construir uma imagem do que se está falando.
> Sabendo o que é refúgio, que imagem seria essa?
> Um desafio para você e um colega: tentem localizar no conto exemplos de linguagem poética.

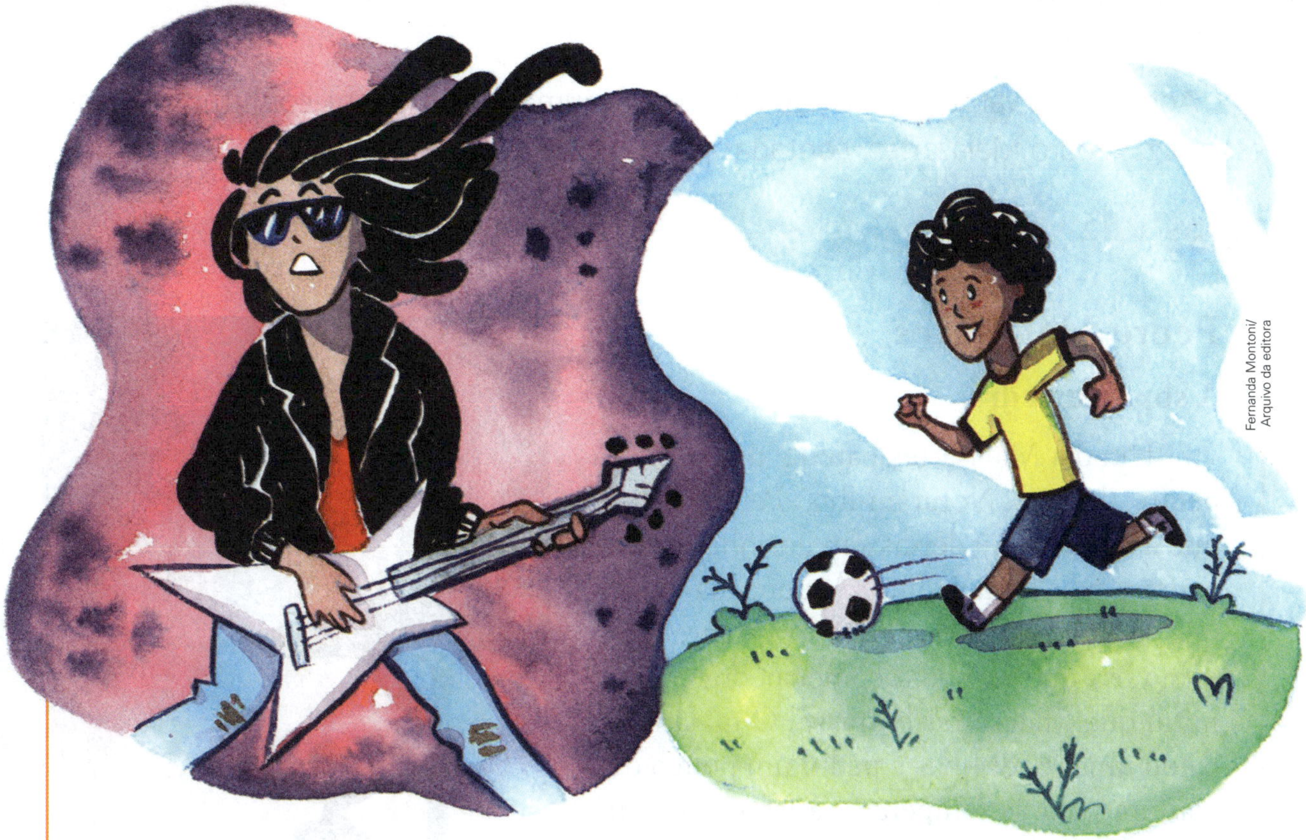

Fernanda Montoni/Arquivo da editora

Sua fama transpassou os muros do abrigo. Babakar, com apenas quinze anos, virou o mais famoso inventor de sonhos que havia existido na cidade.

E as pessoas chatas daquele lugar rico, cheio de avenidas, de comércios, parques, bondes e carros, iam escutar o garoto de **ébano** que presenteava histórias de um mundo de árvores ainda verdes, de rios limpos e entardeceres coloridos. Fazia feliz a todos que só tinham coisas materiais e não sabiam ver que a imaginação é o maior dos dons que os humanos têm.

Babakar, com apenas quinze anos, entendeu que vender fantasia é o melhor presente para homens e mulheres.

Ernesto J. Rodríguez Abad. *Contos africanos*. São Paulo: Instituto Callis, 2012. p. 67-73.

Ébano: árvore de madeira nobre, geralmente escura.

Nesse conto, a felicidade é relacionada à imaginação e ao sonho. Qual será a intenção disso?

Reprodução/Acervo do escritor

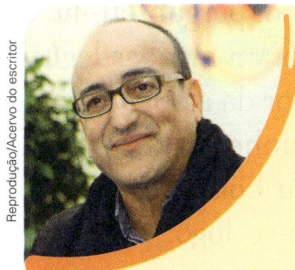

O argentino **Ernesto Rodríguez Abad** é professor universitário, diretor de teatro e autor de livros que registram e valorizam a cultura oral.

Convite literário

Agora você vai ler pequenas histórias de uma personagem conhecida por sua esperteza, Pedro Malasartes, contadas por Henriqueta Lisboa.

Texto 3

Pedro Malasartes

A sopa de pedras

Um dia Malasartes bateu a uma casa e pediu almoço. Negaram-lho. Pediu então que ao menos lhe deixassem cozinhar umas pedras, pois tinha fome. A dona da casa, que era gananciosa, quis logo aprender como era que se podia comer pedra e permitiu que Malasartes entrasse. O malandro catou umas pedrinhas e pediu um pouco de gordura para as temperar. Satisfeito, pediu água, depois umas pitadas de sal, depois um punhado de arroz etc., e assim conseguiu fazer um prato suculento. Regalou-se com ele e, enquanto comia, punha de lado as pedrinhas, a que chamava "sementes".

A árvore de dinheiro

Um dia de manhã, vendo-se apertado com a falta de dinheiro, Malasartes arranjou com uma velha um bocado de cera e algumas moedas de vintém, e caminhou por uma estrada afora. Chegando ao pé de uma árvore, parou e pôs-se a pregar os vinténs à folhagem com a cera que levava. Não demorou muito, apareceu na estrada um boiadeiro.

E como o Sol, já então levantando, fosse derretendo a cera e fazendo cair as moedas, Malasartes apanhava-as avidamente. O boiadeiro, curioso, perguntou-lhe o que fazia, e o espertalhão explicou que as frutas daquela árvore eram moedas legítimas, e ele as estava colhendo. O homem mostrou desejo de dispor da árvore encantada e, engabelado por Malasartes, acabou trocando-a pelos boizinhos.

Depois, Malasartes pôs-se ao fresco levando os bichos, e o boiadeiro ficou a arrecadar os vinténs que tombavam. Mas os vinténs acabaram-se logo, e o triste compreendeu que havia sido enganado.

Os talheres de ouro

Um dia roubaram a um rei os ricos talheres de ouro que lhe tinham sido dados de presente por um soberano oriental. O rei fez grande empenho em descobrir o ladrão ou ladrões, mas, por mais que ele e seus parentes se esforçassem, não foi possível atinar-lhes com a pista.

Alguém se lembrou, então, de lhe **inculcar** o Malasartes, como única pessoa capaz de dar com os **meliantes**.

O rei mandou-o vir à sua presença, tratou-o bem, deu-lhe excelentes aposentos em palácio, mas declarou-lhe que dali não sairia enquanto não desvendasse o mistério. Pedro foi para o seu quarto muito preocupado, sem saber como havia de se livrar da **entalação**.

Inculcar: recomendar, sugerir.
Meliante: delinquente.
Entalação: embaraço, apuro, aperto.

Convite literário

Depois de algumas horas, veio um criado do palácio trazer-lhe uma refeição numa bandeja, encontrando-o mudo e **absorto** em seus pensamentos. Quando o criado se retirava, apenas ouviu Pedro exclamar consigo, com um suspiro:

— Lá vai um!

Chegando à cozinha, contou a um companheiro o que vira, e ouvira, declarando que Pedro parecia desconfiar dele e que lá não voltaria mais.

— Pois eu vou — disse o outro, e efetivamente assim fez quando chegou a hora de se levar nova refeição a Malasartes.

Encontrou-o do mesmo modo, **taciturno** e preocupado, apenas exclamando quando o homem se retirava:

— Lá vão dois!

O segundo criado chegou à cozinha e contou o sucedido ao copeiro-chefe, acrescentando que realmente Pedro parecia desconfiar de alguma coisa e que lá não voltaria.

— Irei eu — bradou resolutamente o chefe. E quando foi a hora, para lá se dirigiu com a bandeja.

Repetiu-se a mesma cena presenciada pelos outros, exclamando Pedro entre si:

— Lá vão três!

Absorto: voltado para os próprios pensamentos com muita concentração.
Taciturno: calado.

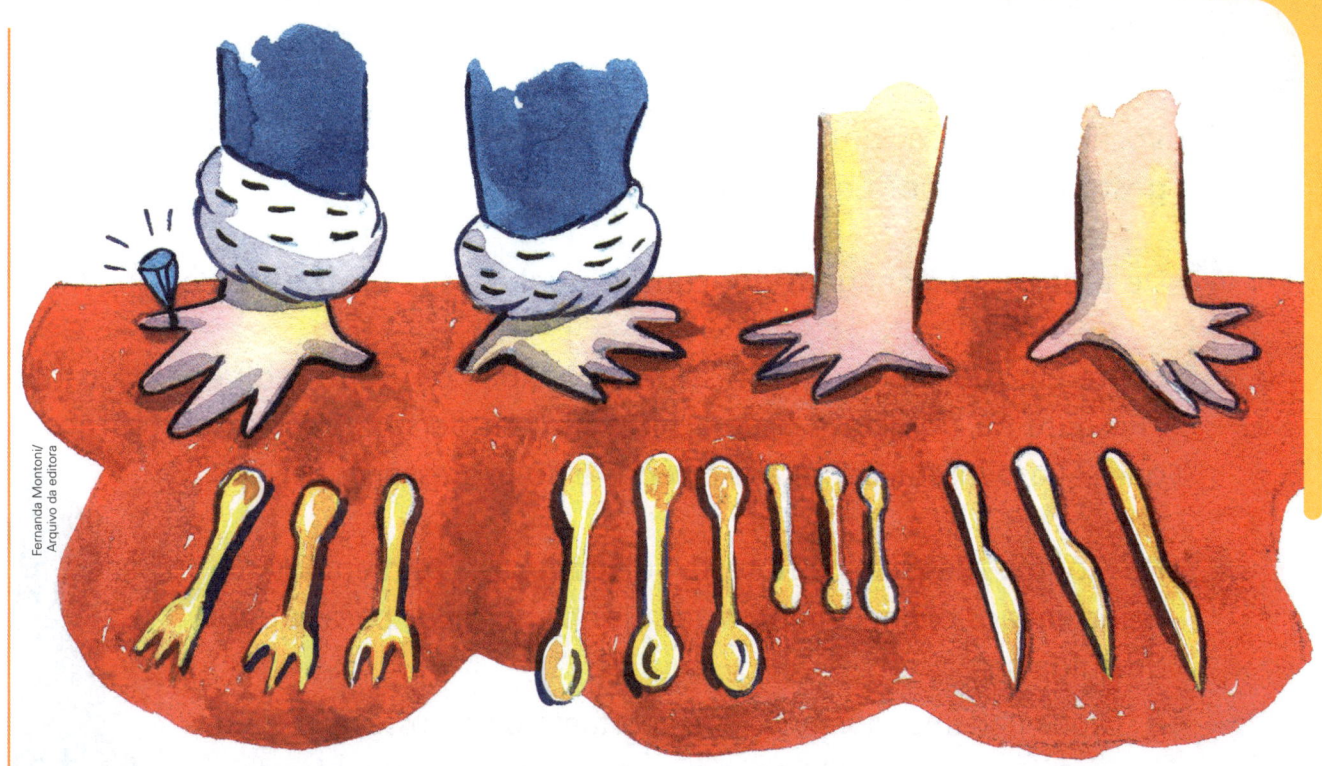

O copeiro-chefe, porém, ouvindo-o, convenceu-se de que Malasartes estava realmente na posse do segredo e, sentindo fugir-lhe a valentia, abriu-se com o hóspede, confessou-lhe tudo, afirmou o seu arrependimento e rogou-lhe por caridade que não o **perdesse**. Respondeu-lhe Malasartes que não lhe faria mal algum, sob a condição de que trouxesse ali para o quarto, muito às ocultas, os talheres de ouro de sua majestade. Assim foi feito. No fim de três dias, o rei entrou nos aposentos de Pedro e perguntou-lhe se já tinha **deslindado** o problema. Pedro mostrou-lhe os talheres de ouro sobre uma mesa. O rei ficou muito admirado e agradeceu-lhe o serviço, recompensando-o generosamente.

> Henriqueta Lisboa. *Literatura oral para a infância e a juventude*: lendas, contos e fábulas populares no Brasil. São Paulo: Peirópolis, 2002. p. 136-139.

Em cada um dos contos, Malasartes mostra, de modos diferentes, suas habilidades de desvendar. Como ele conseguiu resolver todos os problemas com os quais se envolveu?

Perder: levar à desgraça.
Deslindado: investigado, apurado.

Henriqueta Lisboa foi uma premiada escritora mineira. Publicou antologias de poemas e narrativas populares com o objetivo de incentivar a formação de jovens leitores.

Convite literário

1. Você gostou dos contos que leu? Já conhecia algum deles? De qual mais gostou e por quê? Conte aos colegas.

2. De todas as personagens dos contos, qual é a sua preferida? Por quê?

3. Existe em sua região uma história parecida com a do indígena do conto "Resgate na floresta"? E uma história com personagens como macaco e onça? Caso exista, conte aos colegas e ao professor.

4. Nos contos "Resgate na floresta" e "Babakar", os meninos recorrem aos conhecimentos adquiridos dos avôs para superar dificuldades.
    - O que podemos aprender de importante para nossa vida com as pessoas mais velhas? Converse com os colegas e o professor.

5. Se você fosse um "presenteador de histórias", que história daria de presente para alguém? Para quem daria e por quê?

6. Que tal fazer um reconto de uma história de que você goste para presentear alguém?

    Planejamento

    a) Pense em quem você gostaria de presentear com o reconto.
       - Se for alguém da turma, na apresentação em sala de aula, você já estará presenteando-o.
       - Se for algum familiar, terá de apresentá-lo em sala de aula para praticar e depois para essa pessoa quando encontrá-la.

    b) Escolha um conto que você gostaria de recontar com suas próprias palavras. Para isso você pode pesquisar uma história na sua casa, com algum adulto, ou pode pesquisar na biblioteca da escola contos da tradição brasileira, contos indígenas, africanos ou de outra cultura e escolher o seu preferido. O professor poderá ajudá-lo nessa tarefa.

    c) Leia a história selecionada quantas vezes achar necessário para compreendê-la bem, observando as principais ideias discutidas e a linguagem, entre outros aspectos.

d) Ao ler a história, verifique e, se necessário, tome nota sobre os seguintes elementos de sua estrutura, para se apropriar bem do enredo:

- como é a sequência dos acontecimentos e onde eles se passam;
- quais são as personagens e suas falas;
- quais são o conflito, o desenvolvimento e o desfecho.

e) Você poderá fazer modificações no conto ao recontá-lo. Um reconto pode acontecer de muitos modos, não há um jeito único de recontar uma história. Reflita sobre as mudanças que julgar necessárias.

f) Você pode fazer anotações para o caso de, no momento da apresentação, precisar recorrer a elas. Outra opção é improvisar, cuidando para que a história continue fazendo sentido.

g) Se possível, pesquise a cultura à qual o conto pertence. Você pode consultar livros e *sites*, sempre com a orientação do professor ou, em casa, com a ajuda de um adulto. Anote as informações que considerar importantes. Elas poderão ajudá-lo a compreender melhor a história e seu contexto.

Ensaio

- Você poderá ensaiar o reconto em casa, recontando-o em voz alta para si mesmo ou para um adulto, desde que não seja a pessoa que será presenteada.

Apresentação

a) Tudo pronto para narrar sua história recriada? Imagine-se como um velho contador de histórias, um sábio com várias pessoas a seu redor ansiosas para ouvir o que você tem para contar…

b) Se o presenteado for de sua turma, apresente-se oferecendo o presente e dedicando-o a essa pessoa. Reconte com um tom adequado para que todos ouçam. Capriche na expressividade, para atrair a atenção de todo o público.

Roda de conversa

- O professor vai organizar uma roda de conversa para vocês refletirem sobre estas questões:
    - por que é importante contar e recontar histórias?
    - por que é interessante ouvir e conhecer novas histórias?
    - o que cada história pode nos contar sobre as diferentes culturas do Brasil e do mundo?

BIBLIOGRAFIA

BAGNO, Marcos. *Nada na língua é por acaso:* por uma pedagogia da variação linguística. São Paulo: Parábola, 2007.

_____. *O preconceito linguístico*. 2. ed. São Paulo: Loyola, 1999.

BAKHTIN, Mikhail. *Estética da criação verbal*. 6. ed. São Paulo: WMF Martins Fontes, 2011.

BORGES, Flávia Girardo Botelho. Os gêneros textuais em cena: uma análise crítica de duas concepções de gêneros textuais e sua aceitabilidade na educação no Brasil. Em: *Revista Brasileira de Linguística Aplicada*. [on-line], vol. 12, n. 1, p. 119-140, 2012.

CASTORINA, José Antonio; FERREIRO, Emilia et al. *Piaget-Vygotsky:* novas contribuições para o debate. São Paulo: Ática, 2000.

CAVALCANTI, Jauranice Rodrigues. *Professor, leitura e escrita*. São Paulo: Contexto, 2010.

COELHO, Nelly Novaes. *Literatura infantil:* teoria, análise, didática. São Paulo: Moderna, 2002.

COLL, César. *O construtivismo na sala de aula*. São Paulo: Ática, 2006.

_____. *Psicologia e currículo*. São Paulo: Ática, 1998.

COSTA, Sérgio Roberto. *Dicionário de gêneros textuais*. 3. ed. rev. ampl. Belo Horizonte: Autêntica, 2014.

DOLZ, Joaquim; SCHNEUWLY, Bernard. Gêneros e progressão em expressão oral e escrita – Elementos para reflexões sobre uma experiência suíça (francófona). In: *Gêneros orais e escritos na escola*. Trad. e org. de Roxane Rojo e Glaís Sales Cordeiro. Campinas: Mercado de Letras, 2004.

FERREIRO, Emilia. *Cultura escrita e educação:* conversas de Emilia Ferreiro com José Antonio Castorina, Daniel Goldin e Rosa Maria Torres. Porto Alegre: Artmed, 2000.

HADJI, Charles. *Avaliação desmistificada*. Porto Alegre: Artmed, 2001.

JOLIBERT, Josette. *Formando crianças leitoras*. Porto Alegre: Artmed, 1994.

_____. *Formando crianças produtoras de textos*. Porto Alegre: Artmed, 1995.

KATO, Mary Aizawa (Org.). *A concepção da escrita pela criança*. Campinas: Pontes, 2002.

KAUFMAN, Ana Maria; RODRIGUEZ, Maria Elena. *Escola, leitura e produção de textos*. Porto Alegre: Artes Médicas, 1995.

KLEIMAN, Angela. *Oficina de leitura:* teoria e prática. Campinas: Pontes, 2012.

_____. *Texto e leitor:* aspectos cognitivos da leitura. Campinas: Pontes, 1989.

MARCUSCHI, Luiz Antônio. *Da fala para a escrita:* atividades de retextualização. 9. ed. São Paulo: Cortez, 2008.

NEMIROVSKY, Myriam. *O ensino da linguagem escrita*. Porto Alegre: Artmed, 2002.

RAMOS, Jânia M. *O espaço da oralidade na sala de aula*. São Paulo: Martins Fontes, 1997.

ROJO, Roxane. *Falando ao pé da letra:* a constituição da narrativa e do letramento. São Paulo: Parábola, 2010.

_____. *Letramentos múltiplos:* escola e inclusão social. São Paulo: Parábola, 2009.

SCHOLZE, Lia; RÖSING, Tania Mariza Kuchenbecker (Org.). *Teorias e práticas de letramento*. Brasília: Instituto Nacional de Estudos e Pesquisas Educacionais Anísio Teixeira, 2007.

SMOLKA, Ana Luiza Bustamante. *A criança na fase inicial da escrita:* a alfabetização como processo discursivo. São Paulo: Cortez, 2012.

TEBEROSKY, Ana (Org.). *Contextos de alfabetização inicial*. Porto Alegre: Artmed, 2004.

_____. *Reflexões sobre o ensino da leitura e da escrita*. Campinas: Ed. da Universidade Estadual de Campinas; Petrópolis: Vozes, 1993.

_____; COLOMER, Teresa. *Aprender a ler e a escrever:* uma proposta construtivista. Porto Alegre: Penso, 2003.

WEISZ, T. *O diálogo entre o ensino e a aprendizagem*. São Paulo: Ática, 2000.

ZUNINO, Delia Lerner de. *Ler e escrever na escola:* o real, o possível e o necessário. Porto Alegre: Artmed, 2002.